【プロの視点】
うねり取り株式投資法
基本と実践

林 知之 著

まえがきにかえて
　〜「うねり取り」とはなにか？

あなただけの価値判断を確立する"投資の王道"

　まずは結論ありき、「うねり取り」とはなにかを簡潔に示そう。
　うねり取りとは、銘柄を限定し、数カ月単位の上げ下げを狙うトレード手法である。
　短期の売買ではないし、ウォーレン・バフェット氏が行う"バイ・アンド・ホールド"の長期投資でもない。また、有望な銘柄を見つけて入れかえていく"選別投資"とも異なる。トレードを職業と捉え、狭い範囲だけを見てトレンドを読み、自らの基準でポジション操作を行いながら、株価変動の波を"泳ぐ"技術である。
　とても説明が難しく、個人的な感覚が中心の売買スタイルだ。個人の感性を基にポジションゼロの時期をつくりながら、上げ下げどちらも取りにいく——普遍性がある半面、自由度が高いから基準を決めにくい。その不安定な部分を支えるのが、株式市場との"距離"、つまり、株価変動を俯瞰する姿勢である。
　次ページに示す値動きを見てほしい。最も人気のあるローソク足による、個別銘柄の日足だ。これを見て、ローソク足が生み出す多くの情報を基に未来を考えることは、とても魅力的で面白い。だが、売買の実践から遠ざかり、過去の株価を考えるだけの作業に傾くことを知っておくべきだ。

　真の実践家は、毎日の膨大な情報に惑わされず自らの道を進むために、株式市場との適正な"距離"を保つ。

　そのために、銘柄を限定するだけでなく、情報量の多いローソク足を避けたり、マニア好みの複雑なケイ線論を否定してシンプルな観察に努める。

　上に示したローソク足を、終値だけの折れ線チャートにしてみよう（次ページ）。

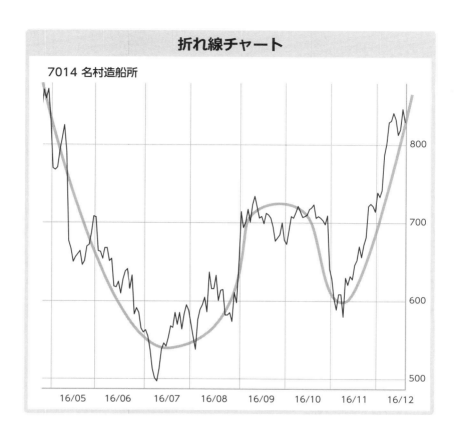

　重要と思える情報を思い切って捨て去ることで、シンプルかつ実践的なイメージになる。さらには、折れ線チャートに描き加えたような、大ざっぱな「トレンド」を強く意識する。
　そして、「相場は上がる」と確信すれば買い、「下がる」と判断できればカラ売りを仕掛ける。少しでも迷うようならば、サッと手を引いてしまう。誰の意見にも左右されず、自らのカネを自らの思惑通りに動かしていく、自立した姿勢が生まれるのである。
　これが、うねり取りだ。

本書の読み方

　誰にも、明日の株価はわからない。だから、全員が正解にたどり着くことなど絶対にない。ほぼ同じ価値判断基準で値動きを観察しても、人によって答えは異なり、売りと買いが真逆になることさえある。

　だから、よく耳にする「この銘柄はまだ上がるでしょうか？」という質問は、愚の骨頂といえる。

　うねり取りの考え方は、そんな誤った世界に進むことをズバリと否定してくれる。

　そのかわり（と表現するのは的確ではないが）、「こうなったら買いましょう」といった"マニュアル"が作りにくい。うねり取りは確固たる「手法」だが、深く考えると「思想」「哲学」、あるいは「概念」のようなものともいえる。だから本書では、第1章と第2章にページを割き、根底の考え方をじっくりと伝えようとしている。

　このことを踏まえ、第1章、第2章……と順番に読み進めるのもありだが、「まずは、うねり取りの実践」と考えて第3章から読むのも、ひとつの方法である。ただし、第1章と第2章が実践を支える大切な考え方、うねり取りの根幹についての解説なので、第3章から読み始めた場合でも、必ずあとで熟読してもらいたい。

中源線建玉法の存在

　うねり取りは、前述したように、いわゆるマニュアルが作りにくい。実践者の裁量や感性に委ねなければならない部分が多いからだ。

絵を描く作業を考えてほしい。真っ白い紙を渡されて「好きなものを描いて」と言われても、ふだん描かない人は困ってしまう。しかし、塗り絵ならばなんとかなる。ここは何色にしようか……経験がないなりに考えながら、それなりに進めていくことができる。

　十分な理解力と実行力、試行錯誤していく能力などがあれば、たとえ原則論だけでも、うねり取りを実践していくことができる。真っ白な紙と説明だけで、とりあえず絵を描くことができ、２枚目、３枚目と描き進むうちに上達していく。

　しかし、塗り絵的なものがあれば、どんな人にも、うねり取りを体験してもらえる。プロの対応というものを、多くの人に手軽に体感してもらうことができる。

　その役割を担ってくれるのが、本書の第５章と第６章で解説する、中源線建玉法（ちゅうげんせんたてぎょくほう）である。値動きが上向きか下向きかの判断、つまり強弱の判定と、それに基づいた３分割の売買がルール化されている具体的方法論だ。

　コンピュータを駆使して安易に「儲かる数式探し」をしたようなシロモノではなく、「こういう場面は買いだよな」といった実践者の感性をシンプルな数式に落とし込んだものだ。

　といって、予測の的中率を大幅に高めることなど不可能だから、押したり引いたりと対応しながら値動きの波を"泳いで"いく発想が求められる。単なる"当てもの"ではなくトレード手法に昇華させるためには、必然的に、分割売買によるポジション操作が加わる。

　総合すると、中源線建玉法における個々の判定基準やポジション操作は、生身の人間が感覚的に納得できるものなのだ。

ルールはすべて公開してあるし、学習の教材も豊富にある。売り買いの指示が明確になるといっても、意味のわからない数式ではなく、「なるほど！」と感じながら頭に入れ、その理解を確認しながら、プロの思考をベースとしたトレードを実践できるのである。

　うねり取りにも、多くの入り口が考えられる。中源線の利用は、そのひとつにすぎない。だが、バランスの整った、優秀な学習ツールであることは間違いない。

【参考図書】　いずれも林投資研究所オリジナル
『中源線建玉法』……中源線のバイブル。四部構成の基本の教科書。
『入門の入門 中源線投資法』……中源線の基本ルールを公開した実践書。
『DVD 中源線建玉法 基本コース』……ルール説明のセミナーを再現。

プロの思考を知ってほしい

　100万円が1億円になる

　ゼロから3億円をつくった

　ハデな宣伝文句は、「ホントか？」と疑いながらも気になる。

　「カンタンそうだ」と感じる部分があれば、サッと飛びつく。

　だが、それほどカンタンに儲かるなら、誰も苦労はしない。といって、本業や余暇を犠牲にしてまで必死に勉強しなければ技術を手に入れられないかというと、そうとも思わない。正しい考え方で適正な範囲を守れば、他人の助けなしに結果が期待できる。

　だから、プロの思考をマネするべく、のぞき見てほしいのだ。

株価の上げ下げについて、多くの人は"理由"を知りたがる。そして、売買を実践しない記者が書く、まことしやかな解説に夢中になる。

　だが、理由など説明できない上げ下げばかり存在するのが現実だ。その現実をまっすぐに見て、やり方だけを考える、理屈を知っていても行動できない人間の心理を考える、そして具体的な取り組み方を構築する——これが、プロのプロたるゆえんだ。

　株式市場では、初心者からプロまでが同じ土俵で売り買いを行う。ここで重要なのは、直接的な"対決"がないように見えて、多数の参加者が利益を奪い合う構図があるということだ。

　株式市場の観測者は、そのままプレーヤーだといえる。観測しながら売買を実践し、その行動によって市場の価格を動かしている立場だ。

　天文学の分野ならば、天体の動きについて観測者全員が正解にたどり着くかもしれないが、株式市場では事情がちがう。常に、利益を上げる者と損をする者とに分かれるのである。

自信をもって"異端"でありたい

　株価が動くたびに勝者と敗者が生まれるが、常に利益を上げるのは至難の業。だが、考え方や行動が少しズレているために、絵に描いたように負け続ける参加者がいる。

　誰にも明日の株価さえわからないのだから、予測そのものは当たり外れたり……。だが、対処が悪いために、高いところを買い、ダメだと思いながら放置して安値で投げてしまい、少し上手に行動した参加者の利益を助けることになる。

こんな残念な行動パターンの対岸には、株式市場との距離を適正に保った賢い参加者がいる。多くの人が日々の動きを気にして、日経平均の水準や世界情勢に漂う不安材料をチェックしながら迷走している。その対岸で、数少ない個別銘柄を対象に、独自の相場観とポジション操作で損益という"結果"をうまくコントロールする参加者たちだ。

　プロ相場師の４割が、うねり取りを実践しているといわれる。

　うねり取りは、いわば"概念"だから、正確にはうねり取りに分類できない手法でありながら、うねり取りの核となる考え方を盛り込んだ独自の手法をもつプロも含めたら、かなりの数ではないか。

　先行きを当てよう、有望な銘柄を見つけよう……「なにを買うか」に目が向くと、石を投げれば当たるような"銘柄情報"にたどり着く。勝つこともあるが、負けたときが大きい。

　そんなドタバタ劇から離れ、「どこで買うか」「どこで売るか」をまっすぐに考えるのがプロの思考だ。ここが固まったところではじめて、「それに適した銘柄はなんだ？」と考える。

　多数の投資家がハマっている"銘柄至上主義"を上手に利用するのが、最もウケる投資情報ビジネスだ。だから、プロの思考を懇切丁寧に説くことで、大多数の人を対象外にしてしまう。

　たとえそうでも、「予測情報の販売」に重点を置く業界のあり方に一石を投じたかった。今後も、こだわりをもった異端であり続けたい。

2017年7月

林　知之

うねり取り株式投資法 基本と実践 ◎もくじ

まえがきにかえて〜「うねり取り」とはなにか？

第1章
投資情報の8割は有害　16

- 1-01　株式市場には夢がある　18
- 1-02　トレードとセックスは、他人の行為を見る機会がない　19
- 1-03　株価を押し上げるのは「人気」　21
- 1-04　材料の価値　23
- 1-05　材料がきっかけでトレンドが生まれる　25
- 1-06　株価の先見性　27
- 1-07　情報の多くは単なる断片だ　29
- 1-08　新聞の読み方　30
- 1-09　トレードに知識は不要　32
- 1-10　価格だけを見れば十分　34
- 1-11　「安く買う」「高く売る」は誤り　36
- 1-12　間違いだらけのナンピン論　38
- 1-13　カラ売りは危険なのか　39
- 1-14　強迫観念で行動するな　42
- 1-15　投資家は保護されていない　44
- 1-16　自分の答えを出す　46

第2章
相場技術論とトレードの準備 ……… 48

- 2-01 金融マーケットの真実と勝つための方法論 ……… 50
- 2-02 自滅しないために ……… 52
- 2-03 思想と実践方法の整合性 ……… 55
- 2-04 相場技術論は非常にプレーン ……… 57
- 2-05 テクニカル分析の三原則 ……… 59
- 2-06 価格だけを見る直接法 ……… 62
- 2-07 マーケットは自分の都合を聞いてくれない ……… 68
- 2-08 予測とは何か ……… 69
- 2-09 予測の的中率、勝率、そして利益率 ……… 71
- 2-10 「わからない」という答え ……… 74
- 2-11 当てようとする気持ちも捨ててはいけない ……… 75
- 2-12 トレードの三要素 ……… 76
- 2-13 トレードの分類 ……… 79
- 2-14 準備に時間をかけろ ……… 83
- 2-15 シンプルで実用的な理論をもて ……… 86
- 2-16 趣味的要素の排除 ……… 88

第3章
うねり取りを実践するための古典的手法 … 90

- 3-01 流行と古典 … 92
- 3-02 数カ月を基準にする … 94
- 3-03 価格ではなく日柄が基準 … 96
- 3-04 季節的な変動がある … 97
- 3-05 カレンダーで売り買いしても儲かる？ … 99
- 3-06 "専門バカ"で上げと下げの往復を取る … 102
- 3-07 "事件"がないのが良い銘柄 … 104
- 3-08 条件は「地味な安定」 … 107
- 3-09 当てるのではなく流れについていく … 108
- 3-10 生活費を稼ぐ職人の売買 … 110
- 3-11 道具は日足と場帳、そして玉帳 … 112
- 3-12 日足 … 113
- 3-13 場帳 … 116
- 3-14 日足と場帳の併用 … 118
- 3-15 玉帳 … 120
- 3-16 アナログ作業の効果 … 122
- 3-17 区切りをつけるという発想 … 123

第 4 章
うねり取り実践のポイント ……… 126

- 4-01 上げ相場の難しさ ……… 128
- 4-02 瞬発力の勝負 ……… 130
- 4-03 インプットとアウトプット ……… 132
- 4-04 売りと買いで売買 ……… 134
- 4-05 分割が必須 ……… 136
- 4-06 練習の方法 ……… 138
- 4-07 試し玉と本玉 ……… 140
- 4-08 試し玉は売り買いが逆でもいい ……… 141
- 4-09 シゴトとしての売買と経費の損 ……… 143
- 4-10 損切りは試し玉の段階で ……… 145
- 4-11 利食いと損切り、どちらが難しい？ ……… 146
- 4-12 手仕舞いは素早く ……… 148
- 4-13 慣れることの有利さ ……… 150
- 4-14 値動きを体感する ……… 153
- 4-15 「プロは逆張り」ってホント？ ……… 156
- 4-16 イメージは「順張り」でいい ……… 158
- 4-17 究極は乗せ ……… 159
- 4-18 ツナギ ……… 161
- 4-19 ドテン ……… 163
- 4-20 中源線建玉法は「うねり取り」だ！ ……… 164

第5章
機械的判断でうねり取りを実現する「中源線建玉法」 168

- 5-01　株価の波を泳ぐ感覚 ……………………………………… 170
- 5-02　折れ線チャートを利用するワケ …………………………… 172
- 5-03　「順行」「逆行」という発想 ………………………………… 176
- 5-04　トレンド転換の基本概念 …………………………………… 179
- 5-05　3分割で建玉をコントロールする …………………………… 185
- 5-06　「順行」は放置、「逆行」に注意する ……………………… 187
- 5-07　トレンド転換の補助ルール ………………………………… 188
- 5-08　「再転換」がポジション操作のキモ ………………………… 189
- 5-09　キザミの設定で転換のタイミングは変わる ……………… 192
- 5-10　確固たる答えを示す ………………………………………… 194
- 5-11　実際に中源線を引いてみる ………………………………… 196
- 5-12　基本は「普通転換」 ………………………………………… 198
- 5-13　「42分転換」と「再転換」に注意 ………………………… 200
- 5-14　中源線を「道具」として使いこなす ……………………… 201

第 6 章
中源線の活用と運用上の注意 — 204

- 6-01 中源線はシステムトレードなのか（1） — 206
- 6-02 中源線はシステムトレードなのか（2） — 208
- 6-03 中源線研究の三本柱 — 211
- 6-04 シンプルな基準を貫く — 213
- 6-05 中源線を身につける — 215
- 6-06 分割による建玉操作（1）　なぜ分割なのか？ — 216
- 6-07 分割による建玉操作（2）　なぜ3回なのか？ — 218
- 6-08 ブラックボックスの罠 — 220
- 6-09 トレードの「守・破・離」 — 222
- 6-10 中源線の可能性 — 225
- 6-11 机上の計算と人間の盲点 — 226
- 6-12 高い勝率を求めない損小利大 — 229
- 6-13 ダマシは避けられない — 231
- 6-14 資金管理を怠らない — 233
- 6-15 「計算」に偏りすぎるな — 236
- 6-16 中源線をアレンジする — 240

第7章
トレードは常に自分が中心 …… 242

- 7-01 日々是決断 …… 244
- 7-02 「何を買うか」ではなく「いつ買うか」「どこで売るか」 246
- 7-03 事前の想定に必要な「いつ」 …… 247
- 7-04 生き残りを第一に考える …… 249
- 7-05 計画はネガティブ思考、実行はポジティブ思考で …… 251
- 7-06 禁止事項は肯定形に置き換える …… 252
- 7-07 利己的な行動が正しい …… 255
- 7-08 個人投資家の武器を利用する …… 256
- 7-09 売るべし、買うべし、休むべし …… 259
- 7-10 個人投資家こそプロの視点をもつべき …… 260
- 7-11 経験とは何か …… 262
- 7-12 女性が優秀な理由 …… 264
- 7-13 自分の立ち位置を決めろ …… 267
- 7-14 真逆を考える …… 268
- 7-15 予測は当たらない …… 270
- 7-16 企業分析は他人、値動き分析は自分の手で …… 272
- 7-17 確信ある自分流を …… 274
- 7-18 投資家としてのゴール設定 …… 276

本書は2017年7月末の情報に基づいています。
また、投資の判断は自分自身の責任において行ってください。

第1章

投資情報の8割は有害

株式市場には、年齢も性別も職業も関係なく参加でき、誰もが平等に株を売買できる。利益の額に上限はないし、分離課税だから一般的な所得に比べて有利である。

　難しい企業分析などせず、シンプルに価格の変動を追いかけるだけなら、特別な分析能力も情報収集力も必要ない。実は、この考え方を突き詰めた手法が「うねり取り」であり、誰にでも実行でき、実際に継続的な利益を上げていくための手法だといえる。

　「素人だから……」などと悲観せずに、大きな夢をもって株式市場に臨んでほしいと思う。

　しかし実際には、夢をもつだけで儲かるわけがない。夢を頭の中で大きく膨らませたあとは、具体的な作戦を完成させるための現状認知だ。そのためにこの章では、"実現する見込のない夢"をぶち壊す説明をする。

　説明の土台は、私が大切にする「相場技術論」という考え方だ。詳しくは第2章で述べるが、簡単に説明すると「相場の予測は当たらないから、トレードの技術で結果を出そう」ということだ。

　実際に売り買いするためには予測が必要だが、予測の的中率を高めようとするのではなく、ポジション操作の技術を中心とした"対応力"で勝負しようという、現実的かつシンプルなトレード哲学だ。

　大きく儲ける、継続的に利益を上げるという夢をもち、それをちゃんと実現するために、心の中の大いなる夢を鮮明なものにしたうえで現実を考えてみよう。

　無責任な評論ではない、トレードで生きるプレーヤーたちの本音である。

1-01 株式市場には夢がある

　昔から日本では、「相場を張るか脱税する以外にカネを残す方法はない」などといわれている。

　最近はIT関連の起業によって成功を収める事例が話題になるなどビジネスチャンスが増えていると思うが、個人でも法人でも所得税率が高く、構造的に大企業に富が集中する日本の社会では、個人が経済的に成功する難しさは依然としてあるのではないかと感じる。

　とりあえず、このあたりの議論はほかの分野の専門家に譲り、この「相場か脱税しかない」などという否定的な言葉を、自然な姿勢で前向きに捉えてみたい。

　現在はFX取引が一般化して完全に市民権を得ているし、金融取引そのもののハードルはもともと低いが、情報が増えたことで以前よりも入りやすくなった。いずれにしても、誰でも自由に、いつでも参加できるのが金融マーケットの大きな特徴だ。

　取引に際しては業者が法律に従った確認をするので、所得や年齢などによって一定の制約を受けることもあるが、基本的には「口座に入れた資金の範囲で、自己責任で自由に売買できる場」なのである。実際に私自身も、10代のころから商品先物や株の売買を行っている。

　私は10代前半で商品相場を経験し、大学生の時に株の売買を始めた。そして大学卒業後は証券会社に入り、営業マンとして14年間働いた。また現在は投資助言業者だから、勉強して実行力を身につけたいと考える個人投資家がクライアントだ。

会員には、仕事とは別に個人的にトレードを学ぶ証券マンやファンドマネージャー、あるいは専業トレーダーも少なくないが、主に接しているのは一般的な個人投資家だ。数十万円の資金の初心者もいれば、数百万円のごく平均的な投資家もいる。

　だが株式市場は参加者の幅が広く数も多いから、個人で億単位の資金を動かす人が特別に目立つということもないし、数十億、数百億円という単位のファンドが数多く存在する。

　雑多な人々が立場や資金量に関係なく、誰でも平等に、同じマーケットに注文を出すことができるのだ。

　マーケットでは経験や知識、あるいは地位などで評価されたり分類されることなどない。取引に関する一定のルールがあるだけで、すべての人にチャンスが与えられている場所、誰もが経済的な成功の夢を描き、それを実現できる数少ない場なのである。

1-02 トレードとセックスは、他人の行為を見る機会がない

　金融マーケットの価格は、コンスタントに変動する。その変化は、街の商店に並ぶ品物では考えられないほど大きい。あとからチャートを見れば、非常にとがった天井があるから「こんなところで買ったヤツはバカだ」と感じてしまうし、安値で低迷している時期については「こういうところで買っておけば簡単に儲かるな」と考えてしまう。

　だが、天井で買った人も安値でたたき売った人も、絶対にバカではない。ごくふつうの常識的な社会人で、標準的な知識をそなえている

はずだ。意図的に損をしようとするはずもなく、「自分だけが儲かればいい」と必死になっていたことは明らかだ。損をして喜ぶ人など絶対にいない。

　過去の動きをチャートで確認して「こうすれば儲けることができる」とイメージする行為は、極めて正しい。そういう発想こそが、その人にとって、儲けるための正しい道である。

　だがカネに関しては、つい極端なことを考えてしまう。そして、正しいはずの構想が行きすぎた妄想になる。

　「この高値で売って……」とか「こういう急騰の直前で目いっぱい買って……」などと考えるのは、「こんな高値で買ったヤツはバカだ」という決めつけであり、自分だけが"おりこうさん"になれるという勘違いである。

　株でもFXでも、値動きそのものや、それにまつわる情報は多い。だから"あらゆるものを見ている"と思いがちだが、他人のトレードを観察する機会なんて、証券会社などの業者に限られる。

　その業者は、自らの利益のために「取引をしてほしい」と考えて行動する。そして、強い言葉で宣伝活動を行う。多くの投資家は、そういった情報ばかりを受け取っているのだ。

　そのほかの情報源といえば、金融業界を舞台としたドラマや映画、せいぜい雑誌であろう。これら、特定の意図があったり、商業的な理由で強調された情報に、知らないうちに影響を受けているのが一般の個人投資家だ。

　だから、まずは謙虚に、次のように考えてみるべきである。

　アダルトビデオのセックスは、そのビデオを見る人が楽しむことを

意識して誇張されたもので、本当の姿とはいえない。「そんなものを見てマネするヤツがいるものか」という意見もあるが、マネしてしまう人が実際にいるのである。

誰だって、ものごとをちゃんと見ている、きちんと考えているというが、何かしら悪い影響を受けているに決まっているのだ。

株式市場などの金融マーケットでは、その傾向がもっと強いと考えてほしい。安値から5倍、10倍になった高値も、大暴落後の安値も、買った人と売った人が現実にいる、だから値段がついたのだ。

これについて、高値で売った人と安値で買った人が超キレ者、反対をやった人が大バカだなどと言い切ることはできない。個々の結果は、すべて"たまたま"起きたにすぎない。

多数の人が勘違いしたり、つい熱くなって行動した結果、大きな値動きが発生するのだ。それを冷静に観察して"おりこうさん"の行動を取りたいと考えるものだが、現実は甘くない。満足できる行動を取るのは、極めて難しいのである。

1-03 株価を押し上げるのは「人気」

前項では「思い込み」や「勘違い」という、否定的な視点を紹介した。今度はもっと素直に、なぜ株価が大きく上下するのかを考えてみよう。

株価は会社の内容によって決まる——実に収まりがいい論理なので、座学的な相場の教科書にはそう書いてある。

会社の業績が上向けば株価は上がるし悪化すれば株価は下がる、会社の資産内容が良くなれば株価は上がるし悪くなれば株価は下がる、ということだ。

　もちろん間違ってはいないが、その理屈だけで正確な予測ができるかが問題だ。どんな指標を持ち出しても、将来の株価を当てることなどできないのが現実なのである。

　株価収益率（PER）は世界中で最も人気のある指標のひとつだが、株価はその計算通りの水準にとどまらず、明らかに割安とされる安値にとどまっている銘柄もあれば、明らかに割高な水準まで買われてもさらに上昇するケースがある。

　実践家の間では、数ある指標の中で株価純資産倍率（PBR）だけが唯一、株価の下値を計るメドになるといわれている。一株あたりの純資産は「解散価値」とも呼ばれるように、理論的に株価の下限と考えて妥当だからである。

　しかし、その下限とされる水準を大きく下回る水準で何年も低迷する銘柄が数多くあるのも現実だ。いずれにしても、絶対的な尺度、カチャカチャ、チーンと答えが出てくる方程式など存在しない。

　そもそも適正株価なるものが存在して株価がそこから大きくかい離しないのならば、個々の企業の株価が１日で５％も10％も動くことなどないはずだ。しかし日々、10％程度の上昇あるいは下落をみせる銘柄はいくつもある。

　結論として、株価は「総合的な人気で変動する」としか説明できないのだ。個々の企業の業績推移や資産状況などの内部要因、あるいは日本経済の状況や、外国為替レートなどの外部要因が株価決定の中心

という説明もあるが、ほかにも、業界の将来性や個別企業のビジネスモデルなど、株価を決めると考えられる要因はいくらでもある。

結局は、なにも決め手のない中で、「上がる株が良い株」というしかないのである。

理論的な説明に使われる要因はファンダメンタルズ、値動きそのものの傾向や勢いがテクニカルズと分類され、理屈を言わないトレーダー、つまり純粋に値動きを追うプレーヤーたちは、株価の決定要因はファンダメンタルズ「１」に対してテクニカルズ「９」の割合などと説明する。

これは重要な問題なので次の章でもう一度説明するが、株価の水準や変動について正確な説明は不可能だ。

「株価の上げ下げを説明するとしたら、"人気の推移"と片づける以外にない」という考え方が、本書で説明する「うねり取り」の根本的な発想であり、思想、哲学と言い換えることもできる、大きな"よりどころ"なのである。

1-04 材料の価値

株価変動は人気の推移と断言したが、株価が変動する際には「材料」が出現する。

例えば、経済発展のための政府の政策が示されれば、恩恵があると思われる企業の株が買われる。「国策に売りなし」という格言があるのも当然だ。

また、ある企業が新しい技術を開発すれば、その企業が注目されるだけでなく、素材を納入する企業や販売によって潤う企業も収益向上が予想される。

　だから、材料を吟味して正しく分析すれば「これから上がる銘柄がわかる」と考える向きもある。だが、果たして、それほどカンタンに儲けのネタが見つかるだろうか、と疑ってもらいたい。

　表面化した材料はほぼ瞬時に、すべてのマーケット参加者の知るところとなる。そのマーケット参加者は全員、「上がるなら、誰よりも先に買おう」「下がるのなら、誰よりも先に売ろう」と躍起になっているのだ。

　また一定以上の規模の上場企業は世界中の投資家がウォッチしているから、刻一刻と移り変わる情勢をふまえた素早い動きがマーケットの価格を動かしていく。専門家の集団は、材料を分析してあらゆる可能性を導き出すのだ。

　だから、一般人が知り得た時点で、その材料は古くなっている、すでに過去のものなのだ。「平等に与えられた情報で競争に勝てるわけはない」と考えるべきだ。

　「あまりにも投げやりだ」「夢も希望もない」などと言わないでもらいたい。章の冒頭で述べた通り、単に現実を見ているだけである。「知ったら終い」という相場格言があるのだが、プロのトレーダーたちはこの言葉を金科玉条としている。材料で興奮して買いついたら、安いところで買った者に売り場を提供するお人好しにしかならない、損をする確率がとても高いのである。

1-05 材料がきっかけでトレンドが生まれる

　前項の説明には、大いに反論もあるだろう。

　例えば、「国策などのテーマは一過性のものではなく、大相場に発展する銘柄もたくさんある」と。

　そこで、「大相場になるかどうかを見極める方法は？」と聞くと、答えは返ってこないだろう。実際、誰にもわからないのだ。

　ただし、材料がきっかけで株価が動き出す、ということは多々ある。そして株価上昇の過程では、それを追認する好材料が次々と出現する。「熱くなりたい」と願う投資家のニーズに応えようと証券業界もメディアも真剣だから、表面に出ていなかった材料がどんどん湧いて出るのだ。

　だが落ち着いて考えてみれば、連日の紙面を賑わすほど矢継ぎ早に材料が出てくる様子が、そのまま企業の実態であるはずがない。

　数人で運営する零細企業ならともかく、株式を上場するほどの企業が一夜にして様変わりするわけはない。それなのに、活字にされた材料が、まるで"宝の地図"のように見えてしまう。

　身近な材料だけでは、レベルの低い素人のサッカーにしかならない。とりあえずボールが飛んだ方向に走る、ボールが別の方向に飛んだら急いで向きを変える……いつまでたってもボールを取ることもできずに走り回っているだけ、ということだ。

　また材料と株価には、さらに面白い関係がある。悪材料が株価上昇の引き金になることすらあるのだ。

80年代バブル期の、わかりやすい事例を紹介しよう。

　1987年3月19日、朝日新聞が企業の不祥事を報じた。

　東芝機械が、対共産圏輸出統制委員会（ココム）の協定に違反して工作機械をソ連に輸出し、同国が保有する潜水艦のスクリュー音の低下に寄与した恐れがある、と報じたのだ。当時はまだ米ソ冷戦時代。世間を賑わす大事件であった。

　当然のように、証券会社の店頭では常連客が話題にし、多くの人が下げを期待してカラ売りをかけた。だが東芝機械の株価はわずかに売られただけで、その後すぐに大きく値を上げた。

　当時の私は林投資研究所が主宰する低位株研究会「FAIクラブ」で、たまたま東芝機械に注目していたから、よく覚えている。何年にもわたって値を下げ、「これ以上は売られないだろう」と思える水準で止まっていたから、上げ始めるきっかけを待っていたのだ。

　そして世間を騒がすほどの悪材料が、上昇トレンドに移るきっかけとなったのである。

　本書で紹介する「うねり取り」では、材料の評価や連想をしない。前述したように、材料が株価に影響を与えることは否定できないが、東芝機械のように"ジョーシキ"とは真逆の反応すらある。

　だから、実践家による「うねり取り」では、発生したトレンドそのもの、つまり株式市場における"事象"だけに目を向ける。

　「そのトレンドに乗って利益を出し、勝ち逃げすればいい」と、プレーヤー目線の単純な発想を大切にするのである。

1-06 株価の先見性

　さて、世間に流れるニュースの評価について、否定的なことを並べ立てた。だが、何の理論も存在しないとか、どんな説明も成立しないなどと極端なことを言っているわけではない。

　一株あたりの純資産が一応、株価の下限を示す目安とみなされるように、ニュースや材料と株価変動にも一定の関連性を見出すことができる。「株価の先見性」といわれるものだ。

　わかりやすい事例として、再びバブル期の株価推移を紹介しよう。ご存じの方も多いだろうが、日経平均の高値は1989年12月の最終日につけた38,915円（終値）だった。この年、個別銘柄の伸びは悪くなっていたが、日経平均などの指数は連日のように高値を更新し市場全体の出来高も膨らみ続けていた。

　だから年末の大納会の日、儲かっている人も儲かっていない人も、蓄えがある人もない人も皆、「来年は、どれだけ儲かるだろう！」と夢見心地で年末年始を過ごしたのである。翌1990年の1月には長くて暗い下げ相場がスタートしたのだが、1989年末は投資家も業者もほぼ全員がウハウハな気分だったのである。

　当時はカネ余りを背景とした大きな上げ相場で、多くの銘柄が循環で買われていった。

　前述した東芝機械もその一環で買われたのだが、金融関連の企業は最もテーマに乗っていた。不動産と株を中心に資産インフレが起こり、金融の世界は加速度的に膨張し続けていたからだ。

では株高の恩恵をしっかりと受ける野村證券の株価は、どんな推移だったのだろうか。実は、野村證券の最高値は、日経平均が高値をつけるよりも約2年半先立つ87年4月だった。

　野村證券の高値5,990円は87年4月で、日経平均が高値を記録した89年末は、高値から4割以上も下の3,440円だったのである。

　これは株価の先見性を説明する非常にわかりやすい事例だが、では同じように計算すれば天井を当てられるのかというと、そうはいかない。影響が明らかな材料であっても、先取りする度合いはケースバイケースである。

　優良企業をはじめとする注目度の高い銘柄では材料を織り込むスピードが速く、注目度の低い地味な銘柄は好材料に鈍感だったりする。

　そもそも内部要因である個別企業の状況にも多くの要素があるし、日本経済全体や外国為替レートといった外部要因もある。

　いわゆる"ホットマネー"（投機資金）がどれだけ動くかという環境の問題もある。

　結局、その場限りの説明をするしかないので、新聞などのメディアに掲載される市況解説は、タイムリーかつ的確な説明のようで実は単なる後講釈になる。

　その中でプレーヤーは、情報の評価と処理が利益に直接つながるから、不安定な情報を避けるしかない。だから、「株価は総合的な人気で動く」と片づけ、自ら決断する"次の一手"を考えることに神経を集中させるのである。

1-07 情報の多くは単なる断片だ

　これまで述べてきたように、材料を評価して相場を当てる術はない。少なくとも、簡単な類推や連想で当てるのは極めて難しいと断言できる。「それならば潔く捨ててしまえ」というのが、私が提唱するプレーヤーの思考である。

　まずは、多くの人がもつ活字信仰について考えることが大切だ。

　新聞に掲載された内容は絶対だ、少なくとも間違ってはいない、という通念がある。百歩譲ってその通りだったとしても、限られた紙面に詰め込まれた情報は、どうしたって偏っている。だから、そのまま読んだら誤ってしまうことになる。

　単に事実を述べただけの記事でも、真実を知るためには相当な注意が必要だ。

　例えば個別企業の業績記事で、「○○工業、今期50％増益」という見出しがあったとする。「よし、株価が上がる」などと考えるのは、あまりに幼稚である。事前に発表されていた業績予想が60％増益ならば、50％増益という新しい情報はマイナス材料である。おそらくは、60％増益という事前の予想が株価に反映され、ある程度の株価押し上げが実現しているからだ。

　逆に、わずかな黒字というニュースでも、例えば前期まで赤字が続いていた状況で、「ビジネス構造を著しく改善。今後の伸びに期待」と大変化を予見させる情報という可能性がある。これをきっかけに株価が上昇波動に移り、大相場に発展するかもしれない。

新聞は構造上、その日の１部が売れればいい、という性質をもっている。社会的な認知度は高いのかもしれないが、センセーショナルな見出しで購入を促す週刊誌、あるいは、においと雰囲気だけで客を誘う露天商と同じなのだ。

　また株式に関連する記事では、記事の書き手についても考えなければならない。「経済記者は専門家だ」という前提で記事を読んでしまうかもしれないが、経済部の記者は、内部情報を得る機会もあるため、不正防止の観点から株の売買を禁じられている。

　つまり株式に関係する新聞記事を、株で儲けるために読むというのは、おいしいラーメンを求める人が、ラーメンを食べたことのない人の説明に耳を傾けているという悲喜劇なのである。

1-08 新聞の読み方

　またしてもダメ出し路線に走ってしまったが、前述したように、材料が株価の大きな変動のきっかけとなることはある。

　知識がなくてもいいということではなく、技術革新や発想の転換による経済構造の変化、あるいは個別企業の業態の変化などについて考える能力だって無視できない。

　例えば現時点では、電気自動車や３Ｄプリンタなどがジワジワと産業構造を変えていく要素だと考えられる。インターネットの発展も、予想外の展開を生み出し続けるだろう。だから、基本的な知識は必要だし、特別な知識が助けとなる場合もある。

私が言いたいのは、材料を見つけたときに、「幼稚な発想で短絡的に株価変動に結びつけてはいけない」ということだ。

　プレーヤーが注目するべきは材料ではなく、材料を含めた多くの要因によって動かされた株価、つまりマーケットの事象だけなのである。

　さて、「うねり取り」を実践するためには事象だけを見れば十分といっても、世捨て人のように暮らそうということではない。社会から孤立するようではバランスが悪すぎる。

　職人的に株価変動を追ううえでも、日々の断片的なニュース、各種の情報を受信するだろう。

　社会から孤立せず、しかしプレーヤーとして自立するためには、自分自身のフィルターで情報を処理することが求められる。

　ニュースは、つい短絡的な連想となり、手っ取り早い儲けを想像しやすい。機能しないと知っていながらも、成功率がゼロではないため、気になってしまうのだ。

　ほとんどの人は、世間で当たり前とされる"ジョーシキ"を身につけたあとで、株式などの金融マーケットに参加する。結果として、金融業者やメディアがたれ流す情報を、素直に受け入れてしまうのだ。

　この傾向は、おそらく誰にでもある。だから、トレードをするにあたってあらためて考え、なだれ込んでくる大量の情報を次々と処理する、独自のフィルターをつくらなければならない。だからといって理詰めで考えてもうまくいかないから、実際に新聞記事を読みながら体感していくしかないと思う。

　落ち着いて考えるためには、過去の記事を保存しておき、時間が経過してから通して読んでみるといいかもしれない。

例えば1年前の、1カ月間とか3カ月間の新聞記事をめくりながら、株式市場の動きと見比べてみるのだ。「この記事が、今この瞬間のものだったら」と想像したあと、実際の値動きを確認してみる。この体感によって、自分なりの答えが見えてくると思う。

　トレードで儲けるためには、マーケットに参加しなければならない。しかしど真ん中で踊ってしまったら、振り回されて疲れて、最後は大きく損して退場させられてしまう。

　冷めた目で観察しながら、しかしチャンスを見つけたら参加して踊り、適当なところで離脱するのだ。俗にいう「勝ち逃げ」だ。

　「勝つ」までは誰にでも実現できるが、「逃げる」ことが難しい。つい夢中になってど真ん中で陶酔して踊り続けると、自分の立ち位置を見失ってしまうことになる。

1-09 トレードに知識は不要

　例えば私が、今からスポーツ選手としてオリンピックを目指すなんてムリだし、子どもを産もうと頑張っても実現できない。どちらも、物理的に不可能なことである。だが株式市場では、誰だって無限の可能性をもつことができる。

　スポーツならば年齢とか体力、あるいは体格などで制約を受けるが、トレードにそんなものはない。

　評価益が出ているポジションを維持しようとしたが、体力不足で手仕舞いになってしまった……こんなことは起こらないのである。

これまで説明してきた通り、相場技術論をベースに「うねり取り」を行う限りは、特別な経済知識も企業分析の能力も不要だ。トレードの資金と道具（チャートなど）があれば、いつでも始められる。

　始めた瞬間から、大儲けの可能性が生まれる。儲けたカネを取られてしまうこともない。

　もちろん、特別な知識とか情報収集力、あるいは分析能力で利益を上げようという手法もある。しかし、一般投資家にはハードルが高すぎる。

　ちなみに私も長くこの業界にいるが、知識や情報で勝つなんて特殊な勉強はしていないから、この本で説明しているように、相場技術論をベースに株価の変化そのものを見ることに徹している。

　最も危険なのは、中途半端な知的ゲームだ。新聞やテレビのニュースで世の中の流れを見て「上がる銘柄を当てよう」とか、市況解説を読んで"にわか解説者"になり、小さな発想を短絡的にポジションづくりにつなげるようなことだ。

　もしもあなたが「大衆投資家向けに情報を発信する」ビジネスを行おうというのなら、過去の値動きの解説や"ホット"な話題を集め、紙芝居のように「次も読みたい」と感じさせる表現を工夫するといい。

　予想めいた内容が当たっても外れても、同じ人が何度も情報を買ってくれるだろう。しかし、この手の情報は、発信者も受信者も、"シゴトとしてトレードする"こととはかけ離れた世界の住人である。

　本書を読んで自分の資金でトレードしようとしているあなたは、プレーヤーとしての自分を高めたいと思っているはずだ。それならば、マーケットの情報について、発信者の立場や意図は何か、誰が受信し

ているか、どんな行動に結びつけるのか、といった視点で分析する姿勢が必要だ。個々の情報に目をこらす前に、情報が伝達する構造を捉えるということだ。

実際には情報に頼らないトレードを実行する、つまり、自分の資産運用を他人の手に委ねずに自立した状態を維持する。だが、どうしても頭に入ってきてしまう情報については、批判的な態度を取らなければならない。

しかし、「人を見たらドロボウと思え」とばかりに何でも疑ってしまうようでは、トレーダーとして「自立」する前に社会から「孤立」してしまうかもしれない。批判的というのは、「情報を自分の物差しで判断して取捨選択する」姿勢である。

受信する投資家の損益や人生を第一に考えてくれる情報なんて、不特定多数が触れる一般メディアに流れているはずがない。知識を高めるつもりで、安っぽい情報に引っかかることだけは避けるべきである。

最終的に、外部からの情報を上手に利用できれば理想的だ。しかしほとんどの個人投資家が上っ面の情報だけで大切な資産を動かしているから、まずは情報をできる限り遮断し、「トレード対象の価格と自分自身」という肝要な関係だけに集中することを提言する。

1-10 価格だけを見れば十分

これまで、多くの人がエネルギーを注ぐ「材料からの連想」や「予想を当てる行為」を否定してきた。単なる毛嫌い、乱暴な全否定では

ない。そういった方法によって競争に勝つのは難しいだろう、という提言だ。

　何度も強調したように、マーケットの「事象」を中心に考えよう。どんなに良い銘柄でも上がらなければ儲からないし下がれば損をするのだから、市場参加者の総意で決定された株価そのものを直視しようという、実はとても当たり前のことなのである。

　仮に、「この銘柄は割安だ。現在は300円だが、かるく600円の実力がある」という分析で実際に買ったとする。その論理が的確だったとしても、実際にマーケットの価格がどう動くかは別問題だ。

　実践家が行動するときは、ほかの要素も含めて「上昇する」と見込みを立てるが、いま示した「300円は割安」という発想自体は特におかしなものではない。といって、「600円の実力がある」のに現時点では紛れもなく300円という事実が大切なのだ。

　なかなか動かずに業を煮やして売ってしまったあとに600円に暴騰して「ほ〜ら見ろ」と言ったって、誰も褒めてはくれない。

　市況が悪化して300円が250円になり「でも、素晴らしい会社なんだ」と主張しても、単に50円引かされたポジションを抱えているだけだから誰も納得してくれない。そもそも自分自身で納得できずに、「でも……」という言葉を浮かべるのである。

　株価は総合的な人気で決定されるのだから、マーケットの価格が絶対の数字だ。500円の銘柄があったら、大統領が買おうが学生が買おうが、同じく500円である。これほど単純なものはない。

　しかし現在の価格ではなく将来のことが問題だから、「何か未来を言い当てるものはないだろうか」という発想になる。といって、素直

に、"ジョーシキ"を基準に実行に移すと、材料の物色をするしかなくなる。その他大勢の参加者と同じ条件で戦うことになり、勝つことができなくなるのである。

　結論として「価格だけを見る」というのが、「うねり取り」の実践方法だ。すなわち、材料を無視することであるが、否定形の思考ではなく「絶対的な数字である価格を見る」「自分自身で次の一手を決める」という肯定形の直球思考である。

　例えばサッカー選手が、ピッチの芝生について深く研究しても大きな成果はないだろう。それよりも、走ったりボールを蹴る技術を磨き、その技術によってピッチの状態をつかめれば、良いプレーができる。

　芝生の状態を理解して、言葉にする必要もない。イメージとして頭に浮かぶ必要もないのかもしれない。体が反射的に最適な動きをしてくれれば、プレーヤーとしての役割を果たせるのだ。

　経済の一部である株式市場に参加するため、ついつい頭でっかちになる。意識的に、プレーヤーとして必要最低限のものだけをそなえることに全力を注ぐのが正しい道なのだ。

1-11 「安く買う」「高く売る」は誤り

　「トレードで儲けるには？」と質問すれば誰だって、「安く買って高く売る」と答えるだろう。もちろん正解なのだが、実際に安く買って高く売るを実現するためのイメージとしては誤り、というか、トレードの実践につながる表現ではないと考える。

株価はトレンドを形成する、つまり下がるときも上がるときも一定の時間が必要なので、下がって「安くなった」という理由だけで買っても、上がらないかぎりは儲からない。資金を投じてリスクを抱える以上は、上がらなければダメだ。「安く」買っても「さらに安く」なってしまったら、損を確定するしかないのである。
　逆に高くなってから買っても、「さらに高く」なれば儲かる。へ理屈ではなく、これが実践的なイメージなのだ。
　わかりやすく言うと、「上げトレンドで買いポジションをつくる」「下げトレンドで売りポジションをつくる」ということだ。
　「安く買う」「高く売る」という、チャートのタテ軸だけに目を向けた発想は実用性がない。
　「今」買う理由は、例えば「3カ月後」の株価を見据えているからだろう。価格はマーケットの「時価」、自分で選んでいるのは「今」と「3カ月後」という時間、つまり、チャートのヨコ軸である。
　商取引で、A社から買った品物をB社に転売する場合は、時間の差がほぼないし、交渉などで価格を有利にする余地があるから、「安く買う」「高く売る」でいい。
　しかし、金融マーケットでのトレードは、全く別ものの行為である。「価格」と「時間」の2要素がミックスされた「トレンド」を意識することが大切なのである。
　「売りと買いがセットで"売買"」なのだし「価格はマーケット任せ」なのだから、トレンド通りのポジションを取るかどうかが命運を分けるのである。

1-12 間違いだらけのナンピン論

　下の図は、下げていく過程における、好ましくない買い方を示している。まさに、"相場あるある"のミスだろう。

　下げてきたところを見計らい、一点狙いで買い仕込み！

　しかし、見込み違いで下に抜けてしまう……すると、フリーズする。動けなくなるのだ。

　一時的に止まったときに一瞬、落ち着いて考えるのだが、「どんどん戻ってくれ〜」と願うだけで、対応することができない。

　一時的な下げで終わってくれればいいのだが、さらに下げたときには打つ手がない。「ヤバい……」と思いながらも、完全なフリーズ状態に陥る。

　こうして見事にヤラレるのだが、人によっては、あろうことか、さんざん下がったところで、「いっそ買い増しだ」と、突進あるの

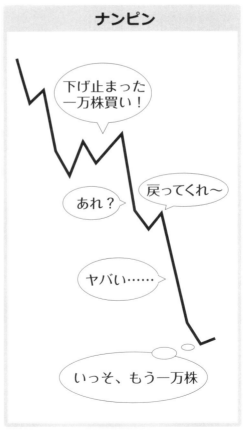

みの恐ろしい手を思いついたりする。

　ダメ玉だから投げるだけだと認識していたはずなのに、その銘柄の数量を増やしてしまう。これは、アウトだ。

　このように、計画外でポジションを膨らませることは御法度だ。

　この手の増し玉を取り上げて「ナンピンはするべきか否か」という議論があるが、議論にすらなっていない。

　売れない不良在庫を、さらに仕入れる商店主なんていない。反対方向の電車に乗ったのに気づいたあとも、そのまま座っている人なんていない。ベクトルが真逆だ。

　いうなれば、「やられナンピン」という論外の手なのだ。

　ナンピンは「難平」と書く。「難」をならす、「難」を減らす行為だ。「いっそ、もう1万株買い」などと、難を増やしてはいけない。

　「やられナンピン」は、そもそも最初の"一点狙い"から過ちが始まっていると考えるべきだ。慎重なスタートならば「誰にでもある見込み違いの失敗」として修正の行動を考えることが可能だが、自分の見通しに固執し続けるしかない入り方をしてしまったわけで、御法度のやられナンピンにつながる典型的なパターンだ。

1-13　カラ売りは危険なのか

　一般的に、買いは安全でカラ売りは危険だ、などといわれる。これは、とんでもない間違いだ。

　トレードというのは「手元の現金を殖やす行為」であり、現金を殖

やす手段として株を利用するだけだ。しかし、上がる思惑（予測）で現物を買ったのに下がってしまったという場合、当初の計画を捨てて塩漬けにしておくことも可能だ。

　それに対してカラ売りは、6カ月の期日が到来すれば否応なく手仕舞いして損金を払わなければならないし、大相場にでもなれば損金が際限なく膨らむ。

　こういったことから「カラ売りは危険だ」という認識が生まれるのだが、買った現物が塩漬けになっている状態について、一般の認識は誤っている。明らかに資金がムダに寝ている状態であり、さらに値下がりするリスクまで負っているのだ。「そのうちに上がる」と自分にウソをついているだけなのである。

　現物の買いであろうが信用取引のカラ売りであろうが、以下のような点が完全な共通項だ。

・自分の資産を殖やす目的で、その資産をリスクにさらしている
・株を利用してポジションを取っている
・値動きによって損益が生まれる
・いつでも自分の意思で反対売買できる

　「時間」という要素を無視して、現物株を塩漬けするのは誤りだ。株式市場を利用して現金を殖やそうとしているのに、ヤラレのポジションを、楽しくもなんともない"コレクション"にしてはいけない。

　カラ売りに対する誤解が生まれる背景として、いくつかのことが考えられる。

　まずは、多くの人が「大きく上昇して目立ってきた銘柄」に目をつけるところから行動をスタートさせる点だ。

「手法」（具体的なやり方）という観点がないため、メディアから手に入れる"銘柄情報"を行動のきっかけにすることが原因だ。

買うのもカラ売りするのも、わかりやすい材料を伴って上昇し、話題となっている銘柄だ。だから、見込みが外れて大きく上伸したときに損（評価損）がガンガンと増えていく。

しかも、そもそも「当てよう」という意気込みがあるので、負けを認めまいと頑張ってしまう。その結果、本当に精神的に耐えられなくなるか、保証金不足でゲームオーバーになるまで引っ張るため、かなりの額の損金が確定する。

だから、たいていの場合、それが天井になって、切った直後に下げ始めるという皮肉な結末を迎える。

これを間近で見ている証券会社の担当者は、相場の怖さを理解しているから、途中で「ダメだ」と感じる。その段階で「もうやめましょう」と言ってくれれば……と期待するかもしれないが、相場の先行きなんてわからないから、担当者だってヘタなことは言えない。

担当者は、状況を連絡したり、保証金を計算するために電卓をたたくしかない。最悪の結果を想像しながら口をはさめないまま、「もう下がってくれ〜」と神に祈るが、そんな個人的な都合は通じない。

注文を受ける証券会社側の都合を、多少は想像できただろうか。真面目な姿勢で顧客一人一人を大切にしたいと考えていたって、相場の行方を知る術はないし、商売である以上は自分の身を守ることが第一なのだ。

だから営業マンとして、あるいは会社として、「カラ売りは危険だ」と信じ、その通りに説明することになってしまうのだ。

残念ながら、トレードを研究した結果ではなく、ビジネスとしての結論だ。現物の塩漬けがどれだけ危険な状態かを説明したって、時間がかかるだけで、肝心の顧客はなかなか理解してくれないのだ。

　繰り返すが、現物を買って下がっても損は損、カラ売りでやられたって損は損、同じトレード、同じ相場である。トレードを行う、ポジションを取る、という行為を正しく認識し、そのうえで自分の確固たる戦略をもち、自分の意思で区切りをつけるそなえがあれば、カラ売りが危険だという結論には絶対に至らない。

　「うねり取り」では一定以上の発行株数がある銘柄を対象にして、突飛な動きをする可能性を避けようとする。あとは自分がしっかりと対応できれば、カラ売りが見込み違いだった場合でも、おそろしく危険な状況に陥るとは考えられない。

　不幸に不幸が重なるような事態もあり得るが、買いは安全、売りは危険だ、などと言い切ることはできないのである。

1-14 強迫観念で行動するな

　実際のトレードを行う前に、そもそも株の売買とは何なのかという問題を考えておきたい。すでに十分な経験を積んでいる人は、立ち止まって再確認してほしい。

　よくあるのが、「○○だから、こうしなくっちゃ」という考え方だ。

　例えば公共のマナーを守るために、「オトナだから電車の中では静かにしていなくっちゃ」というのは当然だ。だが義務ではなく積極的

な行動で成り立つ事柄には、何の縛りもない。

　ちなみに、「女性専用車両」というものがあるが、男が乗ってはいけないというルールではない。「最後尾を女性専用車両としました。男性客のみなさん、理解して協力してください」ということで、男たちは自らの意思で乗らないようにしているのだ。

　どっちにしても乗らないのだが、電車の場合はどうでもいいとしても、大切なカネの問題では知識が重要で、もっと深く考えておくことが必要だと思うのである。

　では、カネにかかわることを考えてみる。

　ある程度の貯金は義務だと考えてもいいだろうが、銀行に置いておくだけか、安全な国内債券を買うか、はたまた積極的に株をトレードするかは、すべて自由意思で決まる。メディアが流す情報に惑わされず、自分がやりたいことだけを実行するべきだ。

　「超低金利だから運用を考えなくっちゃ」と中身がよくわからない投信を買って損をするなんて、実にバカバカしい。納得ずくで行動してこそ、ダメな結果を受け入れることもできるし、自由意思で"次の一手"を決めることができるのだ。

　大切な財産の運用を安易に他人の手に委ねてはいけないし、他人に頼るのもよくない。他人の意見を参考にする場合も、自分でかみ砕いて自分だけの答えに結びつけるべきだ。

　運用とは、手元にあるカネの「額」を膨らませることではなく、まずは貨幣価値の下落によって目減りしてしまうことを防ぐ守りの行為だ。インフレによって貨幣価値が下がってしまうならば、モノに換えておく必要がある。

モノとは、不動産、株、金地金、あるいは外貨だ。もちろん、預金したり債券を買うことで利息を得るのも目減りをカバーする手段だ。

しかし1990年以降の日本では、デフレが続いてきた。利息がゼロのタンス預金でも、時間の経過とともに価値が上がっていたのである。実は、「超低金利」は、積極的に金融商品を物色する理由にはならなかったのである。

さて、このように財産を守ったうえで、さらに積極的に利益を追求しようというのがトレードで、対象は株に限らず、先物でも外国為替でも何でも可能だ。

このように状況を整理してみるだけでも、非現実的でムチャなトレードを抑制することになるだろう。「みんなが言うから」などという言い訳をせず、トレードの個々の判断も、株をやるかやらないかという根本の部分も、すべて自分の意思で進めてほしい。

1-15 投資家は保護されていない

私たちが金融取引を行うには、必ず金融業者を利用する。その金融業者は金融商品取引法（金商法）という法律で規制されている。法律の目的は、「投資家保護」だ。

だが残念なことに、まっとうな登録業者の業務では、書類の整備や、取引における型どおりの確認などが先行し、投資家に接する現場の金融マンは思考停止の傾向にある。顧客と正面から向き合う、人間同士のつきあいを成立させる、といった観点が薄れてきた面があるのだ。

あらためて、金融業者は取引のインフラを提供しているだけの営利企業だという認識が大切だと考えてほしい。自分の資産は自分で動かす、という原則を常に考える姿勢だ。

　法律の効果や金融マンのあり方を嘆くよりも、肯定形で考えて「自分で考えるんだ」と進むべき方向を探したほうがいい。そのうえで、金融マンが味方になってくれたらなおよし、という自立した考え方がいいのではないか。

　「何を買えば儲かるの？」などと質問してしまう自己責任放棄の態度は、まさしく論外だ。

　日本人は、他人を信じる気持ちが強いようである。私も性善説を支持したいが、カネにまつわる権利、責任、義務といった観点は全く別のものであり、トレードという厳しさあふれる行為を継続するには、自分を大切にすることが求められると思う。

　過度な疑心暗鬼は、逆に、ものごとを見誤ってしまうと思うし、社会からの孤立を生みそうだと感じる。だからといって能天気なお人好しでは、未公開株詐欺や振り込め詐欺に引っかかってしまう。

　日本では交通法規も弱者保護の観点に立っていて、法律の存在と運用が無謀な運転を抑止していると思うが、よろしくない運転者をゼロにすることはできない。歩行者を保護しなければいけない立場の自転車が乱暴に走り回り、チリンチリンという音を聞いた歩行者が慌てて道を空けているのが現実である。

　とにかく、トレードで儲けた分はすべて自分のものである。しかし損した分は、誰も補填してくれない。この原則を基に、明るく楽しく、素直に行動するために、自由意思でトレードに臨んでほしい。

1-16 自分の答えを出す

　この章のタイトルは、「投資情報の8割は有害」である。いささか過激で攻撃的だ。だが毒を吐いて世の中の粗末さを嘆きたいわけではない。前向きに、そして肯定的に、自分の哲学を確立しようという精神である。

　土台となる哲学を固め、トレード手法を選び、資金量を決める。そしてトレード手法に適した対象銘柄を自分で選び、株数（トレードサイズ）の設定、仕掛けや手仕舞いの具体的な戦略を計画する。

　こういう道筋ができれば、たとえ有害な情報がグイグイと迫ってきても気にならない。

　上手下手の前に、こうして"投資家として自立"することが大切だ。

　経験が少なくても、自立することはできる。経験豊富な人でも明日の価格さえ予測できないのだから、大きな差はない。

　ほかの分野の経験から自分なりの仮説を立て、値動きやトレードの結果を見て、仮説を修正したり新たな仮説を立てていけばいいのだ。

　いきなり思うような結果は出なくても、自立した姿勢をもつことはできる。いや、ベテランでも思うような結果が出ない世界だからこそ、くだらない情報に振り回されないための自立が不可欠なのだ。

　トレードの予測は、上か下かで考えると50％しか当たらない。

　しかし例えば「2割上がる」という予測の達成に10年かかったとしたら、予測が的中したとはいえない。だから、時間的な区切りをつけないと現実的ではない。「6カ月以内に2割上がる」というように。

すると、その6カ月が経過しても動きがなかったら、当たらなかったのではなく外れたということになる。相場の世界では、「当たり」に対して「曲がり」というが、このように時間を考えると、例えば、上がれば当たり、下がれば曲がり、上がらなくても曲がり……予測の的中率は33.3％になってしまう。これが現実であろう。
　経済政策やビジネス構想では「出口戦略」という言葉が使われるが、実は個人投資家のトレードにおいても欠かせない考え方だ。予測が当たったら、どうするのか。もちろん利食いして利益を確定するのだが、そのポイントとなるものは何かが問題だ。
　曲がった場合は、どうするのか。塩漬けにしてしまったら資金が寝てしまうし、損が拡大したら取り返しがつかない。では何をもってダメだと判断して撤退するのか、次のトレードにも同じ気持ちで臨めるか、といった具体策が必要である。
　経験が増えただけでは相場は読めないし、むしろ、損したときのイヤな記憶が蓄積されていくので、トレードの回数をこなすほど悩みは増えるはずである。
　しかし、「迷い」をゼロにすることは可能だ。悩みを抱えながらも、プレーヤーとして迷うことなく決断したいのである。
　値動きは予測不能だ。でもトレード哲学と一点のこだわりがあれば具体的な行動を決めることができるし、その後の値動きに対する対処法も用意できる。
　カネが飛び交う世界、生々しく非情な世界で自由意思を貫くために必要なのは、自分にしかない確信である。「確信ある自分流」をつくり上げてほしい。

第2章

相場技術論とトレードの準備

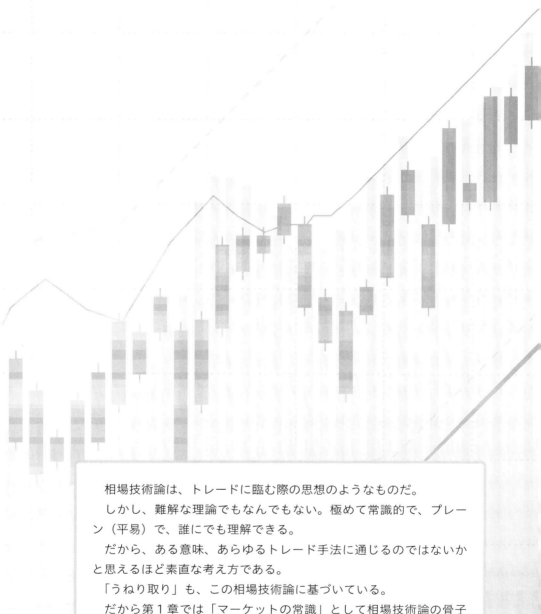

　相場技術論は、トレードに臨む際の思想のようなものだ。

　しかし、難解な理論でもなんでもない。極めて常識的で、プレーン（平易）で、誰にでも理解できる。

　だから、ある意味、あらゆるトレード手法に通じるのではないかと思えるほど素直な考え方である。

　「うねり取り」も、この相場技術論に基づいている。

　だから第1章では「マーケットの常識」として相場技術論の骨子を解説したのだが、「うねり取り」の具体的なやり方に進む前に、もう少し詳しく説明しておくことにする。

2-01 金融マーケットの真実と勝つための方法論

　精神分析医であるアレキサンダー・エルダー氏はプロトレーダーとしても活躍し、何冊もの著書がある人物だが、その中の1冊、16人のトレーダーのインタビュー集として出版した『投資苑3』の中で、次のように言っている。

　「トレードの秘密は、秘密がないことにある」（パンローリング発行の日本語版より引用）。

　秘密がないことが秘密——。

　けだし名言である。だがこの秘密は、進むべき方向を示してはいない。人によっては、「秘密はないのか。じゃあ儲からないんだ……」と絶望するかもしれない。

　実際、意外と理屈好きなアメリカ人が書いた本で、「マーケットの未来を当てる術はない。だから儲からない。株も投信も買うべきではない」というような論旨の単行本を読んだことがある。「継続して良いパフォーマンス（運用成績）を上げているファンドはない」といった各種のデータを示したうえで結論づけているから、なるほど説得力があると感じさせる。

　実際にトレードしたことのない人が"儲かる方法"を書いた、無責任な悪書の数々と比べたら、実に立派な内容だと言いたい。「どこにも道はない」という"絶望本"なのだが……。

　しかし、そんな現実を肌で感じながらも、あきらめなかった先人たちがいるのだ。

明治、大正、そして昭和の初期から戦後にかけ、夢中になって相場に取り組んで苦労した一部の人たちが、未来を言い当てることが絶望的といえるマーケットにおいて勝つ方法を見つけた。

　しかし商業ベースに乗らないなどの理由から、自ら実践するかたわらで一部の者にだけ伝えてきたのである。そのひとつが「相場技術論」という思想であり、それをベースとした「うねり取り」という手法だ。

　簡単に言ってしまえば、対応や対処の方法論である。だから、さらに昔、江戸時代にルーツがあるのではないか。

　例えば商店を経営していれば、売れると確信した商品を仕入れて棚に並べる。しかし何が売れるかの予測は、なかなか当たるものではない。だから、「仮説」に従って実際に仕入れ、販売の結果を見て対応策を考えることになる。

　ごく常識的なこと、誰もが認識する「期待」と「結果」のギャップである。

　「現実は厳しい。何が売れるかなんて自分にはわからない……」

　こんなふうに頭を抱えて絶望する人などいない。たとえ結果が悪くても、経験を次に生かす努力がビジネスの能力を高めていくのであり、特殊な能力で売れる商品がわかる人以外はビジネスをする資格がない、ということではないはずだ。

　前述したような"絶望本"の主張に、私は正面から賛成する。それはそれで、ひとつの「真理」だ。しかし、それで終わりにするつもりはない。「わからない。だからマーケットには近づかない」というのも個人の決断だが、「予測の的中率は低くても、対応の仕方によって利益が計算できる」ことを教わり、実践して確信を得ている。

予測の的中率に頼らず、当たったときも外れたときも単に次の対応が求められる、と考えるのが相場技術論だ。予測を当てて儲けるのではない、技術で儲ける、ということである。冒頭で述べた通り、極めて常識的でプレーンな考え方だと信じている。

　さて、「予測は当たらない」というのが相場技術論の根底にある発想だ。おのずと、「当たらないという前提で、どう行動するべきか」という課題が明確になる。相場技術論は机上の論ではなく、実践家が実際のトレードから導き出した具体的なやり方を、思想として体系立てたものなのである。

2-02 自滅しないために

　「なるほど、対応の仕方か！」と頭で納得できても、具体的な行動は決まらない。その考え方に沿った行動スタイルを考える必要がある。その芯となるものが、かなり強固でないと、刻一刻と変化する株式市場では自分を見失ってしまう。

　実際に日々、5％や10％、あるいはそれ以上に値上がりする銘柄が散見されるし、低位の銘柄では1週間か2週間といった短期間で倍加するものもあるから、素直であればあるほど、そういった派手な動きに目を奪われるからだ。

　そんな状況下、「それを当てることができたら」「せめてヒントになる情報がないだろうか」と考えるのが人情であり、ふと周囲を見ると、見事に的中した予測を見つけることがある。

雑誌に紹介された"有望銘柄"が実際に大暴騰した事例だったり、「○○先生の予想が大当たり」といった情報だ。

　だが、多くの人がさまざまな予想を出し、実際に活発な値動きがあるから、たまたまの"当たり"はいくらでもある。予想家１人（あるいは１社）に絞ったら、見事な的中が続く保証などないし、たとえそこそこの的中率があったとしても、全戦全勝というわけにはいかない。

　そもそも他人の予想は、それを導き出した背景まで深く理解できるものではないから、的中率がほぼ100％でない限り、迷いなく利用する情報にはなり得ない。

　一般的なビジネスの分野では、こんなふうに他力本願な姿勢で迷路に入ってしまう人など、まずいないだろう。

　友人に「ねえ、八百屋と魚屋とどっちが儲かるかなぁ？」などと質問したら、「はぁっ？　何をやったって、やり方次第だろ。おまえは何がやりたいんだ？」と返されてしまうだろう。さすがにバカっぽい。

　しかし株に関しては、立派なオトナがヘンなことを言い出す。たとえ事業で成功している有能な経営者でも、「何を買えば儲かるの？」などと真顔で質問してしまう。第１章で述べた、勘違い、思い込みである。

　頭で納得しても、体験・体感を通じて体で納得しなければ、できるようになったとはいえない。だから相場技術論と「うねり取り」を頭で理解し、実際にトレードしながら自分なりに考え、また基本の考え方を見直してみる……こういったルーティーンを続けることが大切だ。

　タイムマシンがない限り相場の先行きはわからないのだから、誰が何をやっても１回ごとの結果は"当たるも八卦"だ。１年間の成績、

3年間の成績といった継続的な結果は腕前によって決まるが、もともと見えない"オバケ"と戦っているようなものだから、本当に紙一重といっていい。

 良い結果を出している人ほど、そんな現実を知っているから、根本の考え方をときどき見直したり、トレード戦略全体を再構築する作業に多くのエネルギーを注いでいるのだ。

 真の実践家は確信をもってポジションをつくるが、1回ごとの勝ち負けに関しては大きなプレッシャーを感じない。しかしトレードの土台となっている自分の思想が揺らいでしまったら……というプレッシャーを抱えている。見ている場所がちがうのだ。

 つい近視眼的になるものだが、トレードという行為の大きな枠を守ることを最優先すれば、細かい失敗をしながらも自分の力で自分自身を高めていくことにつながるはずだ。

 いざトレードをしようとすると、多くの選択肢があって目移りする。そして自分で考えることを放棄して、まるで幼児のように「ねぇ、何を買えばいいの？」と質問する。すると、どうなるか！

 質問者の損益になど興味のない、無責任な業者が、とてもやさしく答えてくれる。

「はい、うちのプラチナ○○コースにご入会ください。超有望な銘柄を、毎日のように配信します」

 金融マーケットは無限ともいえる情報が飛び交うにぎやかな場所であり、どんな情報を拾うのかはプレーヤーであるあなた次第なのだ。

2-03 思想と実践方法の整合性

　ここで、相場技術論の位置づけを確認しておきたい。

　見出しに「思想」と示したが、トレードは単純な行為だから、思想も多様に存在する。

　「予測は当たらないから技術で利益を上げる」という発想がある一方、「技術で儲けるのは困難だから、予測の的中率向上を目指すのが正しい」という思想も存在する。どちらも、機能する（結果が出る）やり方につなげることが可能だと考えていいのだ。

　トレードの方法や頻度によって数多くの儲ける方法があり得るのだから、相場技術論が絶対だと信じている人間だって「予測によって儲ける方法はあり得る」と想像する。

　少なくとも、「予測の的中率に頼る部分が大きい手法と少ない手法がある」と考えるのが正しい。それぞれの手法に特徴がある、それぞれに一長一短があるとするべきだろう。

　思想の分類としては、ほかにもいろいろと挙げられる。

　例えば、「マーケットの価格をどう認識するか」という問題がある。相場技術論では「価格は絶対のもの」と認識し、価格を動かしている市場参加者のことを考えない。いわば、"相場神聖論"だ。

　その対岸には、「価格は人為的に決まる」と主張する"相場人為論"がある。この立場の人は、「チカラを持つ一部の者が株価を動かしている」と考える。人為論者の意見が"ユダヤの陰謀論"に及んだとしても、これを相場技術論者が否定してはいけない。

自らは選択しない、という答えがあるだけで、人為論者の存在や主張を否定する理由はない、ということだ。

マーケット参加者には、アストロロジー（占星術）を好む向きもいる。こういったオカルトについては論争があるものの、基本的には否定すべきではないと思う。オカルトを否定したって明日の株価さえわからないのだし、公序良俗に反しないかぎり、異なる考え方の人を否定する権利などないからだ。

さて、土台の考え方としての思想について少し掘り下げたが、実践者にとってこれ以上の議論は無意味だ。ただ、確実にいえるのは、ひとつの思想をもつことの重要性だ。

競争の中で継続的に結果を出すためには、ひとつの思想をもつ、言い換えると、土台となる確固たる考え方をもち、必ずそれに適合する方法を使わなければならない、ということである。

例えば、一般的なビジネスで、家電の販売店を開業する場合を考えよう。ただ「家電販売店」というだけでは何もできない。価格が安いことを優先させるか、価格は高くてもいいから質の高い情報で顧客の品物選びを助けることが第一か、この方向性によって、店の立地や広さにはじまり多くの戦略が異なってくる。

相場技術論では「予測は当たらない」とするから、予測の的中率を向上させることに大きなエネルギーを使わない。その分、ポジション操作を中心とした値動きへの対応や、土台ともいうべき資金管理に力を入れる。また相場神聖論に従ってマーケットの価格を絶対視するから、価格だけを素直に見て、「いま市場でついている価格が唯一、絶対のもの」として受け入れる。

ちなみに反対の相場人為論においては、価格を変動させるマーケット参加者、つまり"人"に注目して具体的なポジションの取り方を考えるわけである。

2-04 相場技術論は非常にプレーン

　例えば相場神聖論と相場人為論の2つだけを考えても、完全に白か黒かで片づくものではないだろう。微妙に入り交じるのが自然だと思うし、うまく使い分ける発想だってあるだろう。

　相場技術論者が価格だけを見るといっても、「価格形成の背景に人は存在しない」などと空想するわけではない。むしろ生身の人間が売り買いしているという事実を大切にするし、一時的な人為的価格変動を否定するわけでもない。単に、トレードにおける判断材料を「価格」という事象に絞るということだ。

　逆に相場人為論者は、価格の背景にいる「人」に注目するのだろうが、実際にトレードするうえで直接かかわるのは、マーケットにおける現在の価格である。

　しかし、根底の思想を特定のものに絞り込んでおかないと、フラフラと迷走してしまう。「あれもいいし、これもいい」と方向が定まらないようでは、一貫したトレード戦略を築くことは困難だ。

　多くの人が「何を買えばいいのか」という安易な入り方をし、しっかりと考える一握りの人でさえ、「手法を選ぼう」という正しい発想をもちながらも、なかなか強固な哲学には至らない。日々激しく動く

株価を前にしていると、落ち着いて考えることが難しいからである。

　だから、まずは相場技術論という思想を取り込んでみることを提案する。そして相場技術論に基づく「うねり取り」を実践し、マーケットと少し距離のある立ち位置を体感してほしいのである。

　相場技術論、そして「うねり取り」──このセットは、理論的なことを深く学んだ人にはもの足りないと感じられるかもしれないが、難しい勉強など不要だし、極めてプレーンだから万人に勧めることができる。まずは、「入り口」としてほしいのだ。

　誰にでも実践できる、言い換えると不器用な人でも実践できる方法なのだ。事実、私が運営する林投資研究所では、実父である林輝太郎の代から40年以上も相場技術論を提唱し続け、「うねり取り」を中心にトレードの方法を紹介してきた結果、多くの成功者が生まれている。

　そしてその一部は、表面的には林投資研究所の考え方と相反するような方法で大きな成功を収めている。その人なりの「出口」だ。

　まずはシンプルかつプレーンな考え方を基に実践することで、トレードとは何かを落ち着いて考えることができる点が大きいと思う。

　他人の予測を求めて無数の情報におぼれてしまうことなく、自分自身の判断で個々のトレードを区切っていくことで、マーケットの真理をからだで感じ取ることができるのだ。

　「トレードとは、おカネを殖やすために一時的にポジションを取ることだ」「ポジションは、たとえ現物株の保有であっても、それ自体が目的ではなく単なる手段なんだ」

　こういったことを正しく理解するためには、マーケットと一定の距離を置いてトレードを体験する必要がある。

また値動きへの対応力を高めるためには、やはり余裕をもってトレードに臨み、値動きというものを純粋に体感することが欠かせないと、私は確信している。

2-05 テクニカル分析の三原則

前述したように、「価格だけを見る」のが相場技術論だ。価格形成の背景にある"人"は、少なくとも今後の価格動向に影響を与える因子とは認識しない。すでに表面化している材料も考えない。もちろん、価格だけを見るのだから、将来的な材料も考えない。

だから、チャートなどで価格のみを観察するのが正しいと考える。この考え方をわかりやすくまとめた、「テクニカル分析の三原則」を紹介しよう。

①「現在の価格」はすべてを織り込んでいる

「値動きはマーケットのあらゆる材料や人気が集約化されたものである」と考え、現在の株価は、既出のニュースや材料を完全に織り込んだものだと定義する。そして既存の材料がこれから先の株価動向に作用するとも考えないから、材料の分析や評価は行わない。

②値動きはトレンドを形成する

「値動きは予測不能」という前提だが、「何もわからない」では行動につながらない。そこで値動きを連続的なものとして捉え、「トレン

ド（傾向）を見出そう」とする。

　株価は日々、上がったり下がったりするが、時間軸を長く取って俯瞰すると異なるものが見えてくる。底の翌日が天井になることはないし、天井のわずか数日後が底になることもない。つまり安値から高値、あるいは高値から安値へと移動するには、ある程度の時間（日柄）が必要ということだ。こう考えると、つかみどころのない上げ下げにも、「上げトレンド」「下げトレンド」が見えてくる。

　通常のチャートは2次元で、タテ軸が価格、ヨコ軸が時間を表している。トレードは「損益」という実に生々しい結果を想像させるから、つい価格だけを気にしてしまうが、2つしかない構成要素の1つを落としてしまったらバランスが悪い。タテ軸とヨコ軸を同時に見て株価の方向性を意識する、つまりトレンドを考えることが大切なのである。

③歴史は繰り返す

　全く同じパターンが出現することなどあり得ないが、"参加者の売り買いが価格をつくる"のは事実だから、ある程度のパターンが生まれると考えていいだろう。

　一般的には、価格の「推移」よりも現時点での「水準」を考える傾向が強い（タテ軸に目が向く）から、PER（株価収益率）やPBR（株価純資産倍率）、あるいはそのほかの基準を使った論理的な判断を試みるケースが多い。

　しかし、どんな理屈を並べようが、実際の売り買いは"マーケットの価格"である。最後は値動きについていくしかない。上げ傾向の株価を見れば「もっと上がるのではないか」と考えて買いを検討するし、

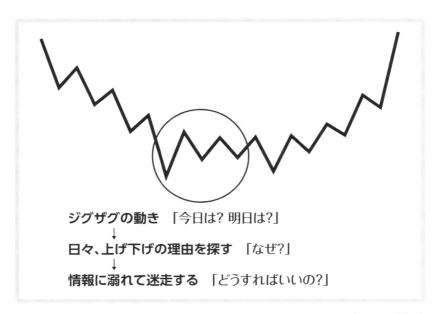

ジグザグの動き　「今日は？ 明日は？」
↓
日々、上げ下げの理由を探す　「なぜ？」
↓
情報に溺れて迷走する　「どうすればいいの？」

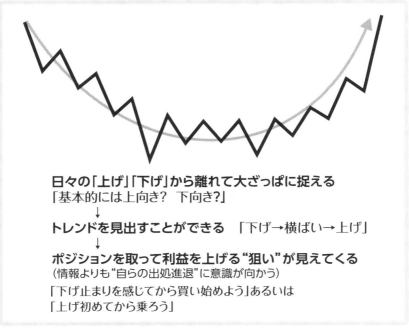

日々の「上げ」「下げ」から離れて大ざっぱに捉える
「基本的には上向き？　下向き？」
↓
トレンドを見出すことができる　「下げ→横ばい→上げ」
↓
ポジションを取って利益を上げる"狙い"が見えてくる
（情報よりも"自らの出処進退"に意識が向かう）
「下げ止まりを感じてから買い始めよう」あるいは
「上げ初めてから乗ろう」

第2章　相場技術論とトレードの準備　61

連続して下げる動きから、さらなる下落を想像すれば「売り」を意識せざるを得ない。この心理によってトレンドが生まれ、パターンが発生するのかもしれない。

　生身の人間である以上、純粋に上記の3つだけを考えてトレードを実行することは難しいかもしれない。だが、「これは100年に一度のことだから」とか「この問題だけは特別だ」などと考え始めたら、売るのか買うのか、プレーヤーとしての答えを出せなくなる。
　だから常に、この三原則を思い出しながら、どうしても発生してしまう心理的バイアス（偏り）を修正していくことが大切なのである。

2-06 価格だけを見る直接法

　テクニカル分析の理論に触れたついでに、チャートを見るときの原則についても述べておこう。チャートを見るときのポイントは、次の3つに集約される。
①トレンド（傾向）
②勢い
③形（型）
　前項でも述べたように、細かい動きよりもトレンドを見るのだが、チャートのヨコ軸である時間（日柄）をきちんと見ていれば、トレンドの"勢い"がわかる。同じ上げトレンドでも、緩やかな上げと急激な上げがあるし、ジリ高から急騰といった変化も観察できる。

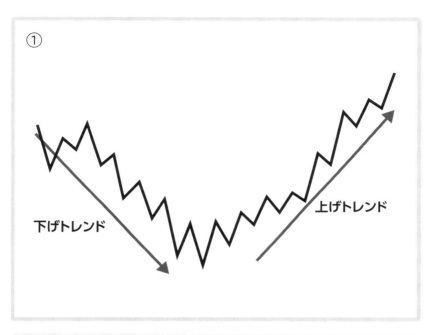

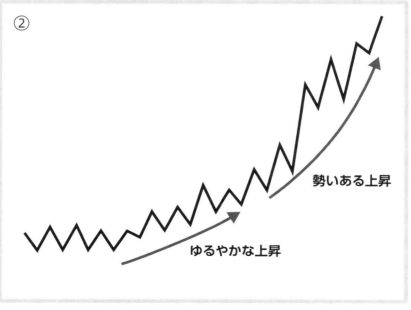

③-1

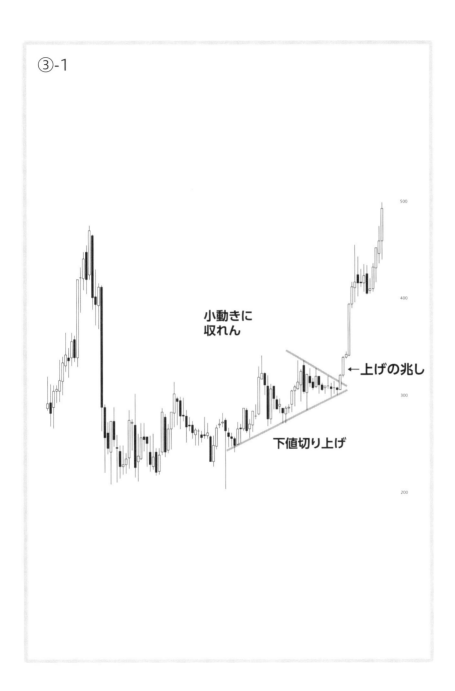

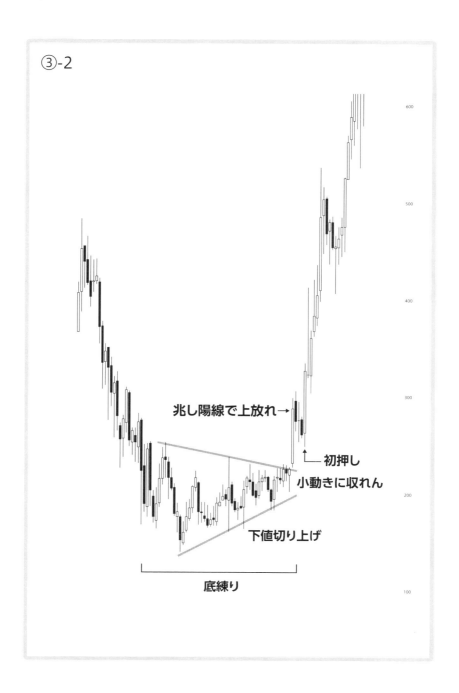

また、集合形で見ることもできる。

「安値圏で動きが収れんしてきた（振幅が小さくなってきた）。上放れが近いか」

「長期間のボックス（往来）相場を上に抜けた。大きく上伸する可能性が高い」

このように、具体的な予測につながる観察だ。

3つの要素を、もう一度まとめておこう。

まずは、時間の経過という要素をきちんと盛り込んで、株価を連続したものとみなし、「トレンド」を見るのが基本だ。

しかし単に上げトレンドとか下げトレンドというだけでなく、そのトレンドにどの程度の勢いがあるかも同じように重要だ。

最後は、トレンドの変化点に注目する。つまり、上げから下げ、下げから上げへと移り変わるポイントだ。そのときに役立つのが、チャートの一部分を集合形として観察することだ。価格の推移をチャートに表し、「形」や「型」で将来を考えようとするのだ。

多くの人は、この三原則だけではもの足りないと感じる。だから、チャートにトレンドライン（傾向線）を加えてみたりする。ところが、たいていの場合は"未来を当てる答え"が欲しくて無理やりに線を引いてしまう。2点を結ぶ線ならば、どんなところに引くこともできるから、安っぽい占いのようなことになるだけだ。

わざわざ線を引かなくてもトレンドが見えるくらいの明確な形（型）だけを評価するのが、まっとうなテクニカル分析である。

トレンドライン以外にも、いろいろな情報を書き込む人がいる。

例えば日銀政策決定会合やFOMC（米国の連邦公開市場委員会）

の日程とか、外国為替レートといった外部要因だ。

　これらの材料を分析してビシッと売り買いを決定しているのなら否定できないが、答えが出せない不安から判断材料を増やしているケースばかりだ（いや、ほぼ100％そうだ）。

　思考が散らかっていくだけで、チャート用紙は、なんとなく知的に見えるだけの落書きで埋まっていく。

　「現在の価格はすべてを織り込んでいる」という原則で、値動きだけを見るようにしてほしい。

　相場技術論では、移動平均線も否定的に考える。移動平均は値動きから導き出した数値だが、やはり値動きそのものではない。値動きから加工された別の数値を見て判断し、再び値動きに戻って売買するというのはおかしい、と考えるのだ。

　そもそも移動平均は、一定期間の過去の価格を平均するだけだから、価格の振幅の中央を通るだけのことで、新しい発見にはつながらない。そのうえ、時間軸が過去にずれてしまう。未来を考えているのに、時間軸が過去に移るのは矛盾である。

　こういった小難しい議論はともかくとして、とにかく価格そのものを見る「直接法」を重要視するのが最もシンプルで、相場技術論の考え方にマッチしているのである。

　ちなみに、こういった理由から、相場技術論では、株価との因果関係が証明されない占星術も、選択肢に入らないのである。

2-07 マーケットは自分の都合を聞いてくれない

　チャートについて、もうひとつ重要なことをつけ加えておきたい。自分の売買をチャートに記入する人がいるが、これは絶対にいけない。値動きを観察するという行為から、大きく外れてしまうのだ。

　前述したようにチャートを見るというのは、値動きに"ある程度の法則性"があるという前提で、素直に推移を観察する行為だ。

　観察には、チャートの形を見たマーケット参加者たちがどう行動するか、といった観点もある。だが、そういった要素を意図的に加えないほうがいい。チャート観察の前提として含まれているし、判断材料を増やし始めるとキリがないからだ。

　このように、チャートに表れている情報だけを素直に見る姿勢が重要だ。そこに「自分の売買」という極めて個人的な情報を加えたら、チャート観察ではなくなってしまう。

　過去に行った自分のトレードは、少なからず価格形成に影響を与えている。だがそれも、チャートに盛り込まれている。自分が200円ちょうどで買ったか、あるいは230円で買ったか、といった個人的なことがチャート観察に加わるのはおかしい。マーケットは、一個人の都合など聞いてはくれないのである。

　チャートの見方には個人的な感覚や好みが付加されるし、手法によって見るポイントも異なる。それら"個性"と呼べるものを基準に、次の一手を考えようとしている。だが、偶然性の高い「売買値」は、実践者の個性とはちがう。

自分のトレードをチャートに書き込んでしまったら、自分の都合でチャートを観察し、そのあとで自分の都合を考えるということになり、何から何まで自分の都合に染まってしまう。

　「トレードの反省や分析も同時に行っているんだ」という説明をする人もいるようだが、混乱するだけである。

　どうしても書き込まないと気がすまないという人の心理は、目指すべき"プレーンな観察"を損なうものではないだろうか。準備不足による不安や、過度な数量を抱えている不安を無意識に感じ取り、その不安を打ち消そうと躍起になっているのかもしれない。

2-08 予測とは何か

　予測は当たらない。実際には「当たったり外れたり」であるが、感情が働いて期待値を上げるのが当たり前だから、「当たらない」という強い言葉を使うとバランスが取れると思う。

　だが、予測することを完全に捨ててしまったら、トレードそのものが成り立たない。

　サイコロやエンピツを転がして資産を動かすわけにはいかないし、他人の意見に依存するのもいただけない。そこで、独自に確固たる予測を立てるのだが、その過程に「予測は当たらない」という前提があるわけだ。考えてみると、ちょっとややこしい。

　以下のように考えてみると、どうだろうか。

　「予測とは、とりあえず行動する（トレードをスタートする）ため

の基準であり、その後の推移を見て臨機応変に"次の一手"を決定する基準だ」

　詳しく説明しよう。

　手がけることを決めた銘柄のチャートを観察している、と想像してほしい。安値で動きがない中、「いよいよ上がる」と予測した。当然、買うのだが、買ったあと、なかなか上がらなかったとしたら、何かしら対応を考えるだろう。

　まずは、「ダメだ」と切ってしまう方法がある。見込み違いは仕方がないので、当初の予測に固執して時間をムダにすることを避けようという判断だ。

　でも、若干の見込み違いならば、切ってしまう必要もない。「手を出すのが少し早かったが、想定内のズレだと思う。いよいよ機は熟した」となれば、「100％理想通りではないが、予定通りに買い増ししていいだろう」といった対応が許される。

　あるいは、「上昇ではなく下落の方向だ」と判断するケースもある。1番目の「ダメだ」と同じように単純な撤退もいいが、買いポジションを切ったうえにカラ売りを仕掛ける「ドテン」という対応も考えられるだろう。

　3通りの"対応"を示したが、ポイントは「予測が変化する」ということだ。自分がつくったポジションは、自分の手で動かさないかぎりそのままだ。だから、常に「次の一手」を自ら決めるのである。

　当初の予測は見込み違いだった、曲がった……これでトレード人生が終わるわけではない。カネの問題だけに"混乱"と感じやすいが、トレードにおいては単なる"日常"である。

真剣に予測してポジションをつくるが、その後の値動きによって状況判断は変化する。予測そのものが、刻一刻と変化していくのだ。

的中率が高いほうがいいのは当然だが、「当たった」と有頂天になったり、「曲がった」と悲壮感を漂わせて悲劇のヒーローを演じる必要はない。相場技術論では、予測の的中率を高めることに大きなエネルギーを使わないのだ。だが、高めようとする気持ちは、"次の一手"を決めるうえで非常に重要な要素である。

2-09 予測の的中率、勝率、そして利益率

予測の的中率をムリに高めようとしない、と強調してきた。だが、いろいろな数値が低いままでは、利益になるトレードをイメージするのは難しい。明確な成功のイメージがなければ、上手に実行できるわけがない。

相場技術論において気にするのは最終的な結果、つまり利益率である。トレードの技術を駆使し、予測の的中率は低くても利益率は高いという結果にもっていくのが、少なくとも相場技術論をベースとしたトレードの正しい姿、目指すべきパフォーマンスである。

的中率ばかりを考えると、どうしても1回ごとの結果を重く受け止めすぎてしまう。

予測が大曲がりしていない場合、例えば「上がると思って買ったが少ししか上がらない」という程度でも、ほかの銘柄が活発に動く様子を見ると、なんだか悲しい気持ちになる。

世界中で、自分だけがダメなことをしている……そんな気分になる。そのソワソワとした気分で行動すると、"正解さがし"のための情報収集に走る。相場難民となって迷走するのである。
　経験を積めば誰でも、予測を当てることの困難さを認識する。だが、その現実に合わせて適正なやり方を見つけることが難しい。その結果、「自分にはできない」という観念を強めてしまっているのではないか。
　予測を当てるのは困難だ、では「その難しい状況で利益を出すためには……」と解決策を見つける姿勢をもちたい。不要な感情の振れを生じさせることなく、コツコツと進んでいきたい。そして、小さな成功体験から突破口を見出していきたいのだ。
　第1章で述べたように、予測が当たったかどうかの判定を、「上か下か」ではなく「上、下、動かない」の3通りだと考えれば、的中率は33.3％になる。実際に多くの実践家が、「せいぜい4勝6敗」とか「3勝7敗で利益を出すんだ」といった言葉を口にする。
　利益の値幅も損の値幅も同じ、数量も同じならば、4勝6敗では確実にマイナスになる。しかし負けたときの値幅を小さく抑え、勝ったときの値幅を大きく伸ばすようにできれば、プラスになる。次の章で説明する、トレード技術である。
　さて、具体的な方法を考える前に今、座学的な話を展開している。土台となる考え方を整理するために、あえて「言葉」に傾けてトレードを考えている状態だ。だから、ここでも少しだけ深掘りする。
　「予測の的中率」と「勝率」は同じか──。
　同じものだろうと答える人が多いかもしれないが、予測したら必ず出動する（ポジションを取る）ことが前提の回答である。

実践で苦労した者が大切にするのは、「動きを予測したうえで出動しない」という選択肢だ。あとで「やっておけばよかった」ということはあるが、そういう機会損失を覚悟で、あえて出動しないという決断もある、と考えるのだ。
　この考え方は、多くのオトナが納得してくれない。手を出さなかったときに味わう"失敗感"を想像すると、ダメなポジションを抱える苦しみに勝って、「やるっきゃない」という気持ちになる――そんな行動パターンが、からだに染みついているのだ。
　例えば登山では、天候のチェックと読みが重要だ。街から離れて大自然の中に身を置くため、楽しいだけでなく、命に危険が及ぶこともあるからだ。
　天気が悪い、あるいは悪くなりそうなら、計画の変更を検討する。だが「天気は問題ない」と判断したとしても、予想外の変化はある。
　では天気の読みが外れたら即、命が危険にさらされるのかというと、そうではないだろう。状況の変化を観察しながら、引き返すことも視野に入れた対応策を考えるはずだ。だが、「危険な状況があり得る。山には入らない」ということではなく、最悪の状況を想像しながらも、頂上に向かって進んでいくことが前提だ。その前提がありながらも、「今回はやめておこう」という決断もある。天気以外の不安要素があれば、それも無視しないはずだ。
　トレードの話に戻ろう。
　出動可能な動きをすべて対象にすれば、予測の的中率は思った以上に低い。予測の的中率と勝率は等しくなり、努力しても大幅に向上させることが難しい。

しかし、「わからない。だから出動しない」という選択肢があれば、実際の勝率を少し向上させることができる。この取捨選択があると、いざ出動したときの"次の一手"もクオリティが上がる。そして、最終的な結果である「利益率」を向上させることにつながる。

これが、トレードの実際である。

2-10 「わからない」という答え

トレンドを意識しろ、対応によって結果を出せ、といっても、「当てたい」という気持ちが消えるものではない。ましてや予測は真剣なものでなければならないのだから、「もっと当たればなぁ」という俗っぽい感覚がゼロになることはない。だから、つい"すべての動き"を当てようとしてしまい、自ら大きな落とし穴をつくる。

前項で述べたように、「わからない」という答えを容認しなければならないのだ。

そもそも、手法を考えるのも、チャートを描いて戦略を練るのも、相場の先行きがわからないからだ。

そんな状況でも何らかの答えを出してポジションを取るのがトレードなのだが、その何らかの答えさえも出せない状況だってあるに決まっている。そんなときは堂々と、自立した投資家として、責任あるオトナとして、「わからない」と言えばいいのである。

一個人が真剣に観察できる範囲なんてほんの一部だから、それ以外のものは「わからない」に決まっている。

自分が真剣に追いかけている銘柄だって、ほぼ「わからない」のだ。「わかった」と確信したときでも的中率はせいぜい５割を少し上回る程度だと認識し、その確信がないときは「わからない」「だから何もしない」とジッとしているのが、シゴトとしてのトレードだ。

だからポジションを持った状態で「わからない」と感じたら即刻、手仕舞いしなければならない。儲け損なうことを嫌がらず、大きな失敗を避けることを第一に考える。長く続くトレード生活を見据えて積極的に休む、積極的にポジションを閉じる、という"決断力"と"行動力"が重要なのである。

2-11 当てようとする気持ちも捨ててはいけない

重複する内容だが、あらためて述べておく。

「動きを当てようとするな」と強調しているが、「どうでもいい」とあきらめてしまうわけではない。

予測を当てようという真剣な姿勢は、絶対に必要なのである。投げやりな予測で大切な資産を動かせる人なんて、いるはずがない。

予測は「推測」であり、「行動を開始するきっかけ」だと述べた。トレードは上か下かを宣言して一定期間後に勝ち負けが判定されるゲームではないから、売買数量、タイミング、ポジションを増やすか減らすかなど、時間が流れていく中で無限の選択肢を与えられている。単に「上がる」とか「下がる」などという、チャートのタテ軸に限定した考えをもってはいけない。

先行きに対する「予測」「推測」を、エンピツでチャートに描き込めるくらい明確なイメージをもつのが正しい姿勢だ。時間（日柄）を無視して「上がる」「下がる」だけでは準備不足である。

　予測は"当たるも八卦"だが、鮮明なイメージがあると、緊張した状態の中で"次の一手"を決めていく確固たる基準になる。

　こういうガッチリとした推測が、シゴトとしてのトレードに使える予測なのだ。「この銘柄は上がります」なんて言葉だけでは、あまりにも幼稚だ。

　予測は真剣に立てる、しかし外れることが前提だから固執せず対応して損益を"コントロール"するのだ。この正しい考え方が根底にあると、すべての体感・体験が能力を上げることにつながる。

2-12 トレードの三要素

　「トレード＝予測を当てる」という考え方が世の中では一般的なので、「それはちがう」「誤った思い込みだ」と繰り返している。こういう観点をもつことが、自立して上達するための、まっとうな道筋だと考えているからだ。

　材料の分析や予測の的中率向上に力を入れるアプローチを、全否定するつもりはない。

　だが、多くの人が安易な「当てもの売買」に走って他人の予測をかき集め、「失敗だった」と感じながらも、抱えているダメなポジションの行く末を占うことに精を出す姿が気になる。

また、上手な人やベテランでも、同じような心理の落とし穴をもっていると思う。だから、全く別の視点を提言しているのである。

予測という行為についてはすでに定義したので、ここではもう少し大きな目でトレード全体を考えてみよう。

トレードに必要なのは２つ、具体的な手法と資金だ。前者の手法を構成するのは、「予測法」と「ポジション操作」の２つだ。後者の資金をコントロールするのは、「資金管理」である。

結論としてトレードの三要素は、「予測法」「ポジション操作法」、そして「資金管理法」ということになる。そしてこれら３つの要素は、当然のことながら密接に関係している。

予測法によって出た答えで実際に売り買いするのだが、トレードの開始や終了の時期、あるいは数量などについては、すべて自由だ。

トレードの三要素とは

「予測法」
＋
「ポジション操作法」
＋
「資金管理法」

スポーツの試合などとちがい、自分で決めていくことになる。
　だから例えば「10,000株を買う」としても、いつ、どういう買い方をするか、自分自身で定めておく必要がある。
　行き当たりばったりではダメだ。次の章で詳しく説明するが、状況を見ながら進んでいくためには、一点を狙わずに分割でポジションを積み上げていく。その細かい戦略が、ポジション操作だ。
　実は、その前に、10,000株という数量が妥当かどうかという根本的な問題がある。単なる思いつきで決めていたとしたら、その後もすべてが思いつきになる。トレードの資金を決定したら、儲かったときの効率だけを考えずに、予測が曲がったとき、連敗したときのことまで考えてトレードの数量を決める必要がある。
　そもそも、トレード資金の額を決める段階が重要だ。有り金すべてをつぎ込む人はいないだろうが、資産運用ならば一定以上の金額を投入するだろう。精神的な余裕なども考慮した適正な額を決める作業は、非常に重要である。
　このように、口座に資金を入れることから具体的な売り買いまで、すべてが資金管理の考え方によってコントロールされるのである。
　現在の資産や収入などが基準となるが、将来の収入について可能性を考えておくことも大切だし、何よりもトレードでどれくらいの成功を目指すか、どんな投資家になろうとしているかなどが、本当の意味での決め手ではないだろうか。
　多くの人が、「昨日はこうだった」「今日はどうなる？」と、断片的に値動きを見て一喜一憂するのだが、この資金管理がトレードで最も大切なこと、良い結果を出している人ほど重要性を強調する。

トレードを行いながら投資家としてのゴール（目標）を見直せば、トレード資金の適正額は変わるかもしれない。また家計が変化することによっても、適正な資金額は変わり得る。

　いろいろな情報に目を配っているうちに買いたい銘柄ができ、「さて、おカネは余っているかな」と口座の残高をチェックする……こんな人が多いのだが、まるで子どもが無計画におこづかいを浪費しているような状態だ。

　「資産運用」とはほど遠い。あなたが、こういう行動を取っているならば、大反省してほしい。

　さて資金稼働率、つまりトレード資金の何％までポジションを取るかも資金管理の一環であり、"司令塔"が決定する大切な事柄だ。同時に、"現場の作業"である売り買いと密接に関係している。

　トレードを行うかどうかという根本の部分からすべてを自由意思で組み立てていく、個人投資家だから"司令塔"の仕事から"現場の仕事"まで、ひとり数役をこなさなければならない。

　だから、事前に行う資金量の決定とともに、理詰めできちんと考えておかなければならないのだ。

2-13 トレードの分類

　さて、理詰めで考える中、実際の売り買いをリアルにイメージする話を紹介する一方、全体を俯瞰する"高い視点"も並べている。

　ここでは、数あるトレードの手法を分類してみたい。

といっても、分類の観点は多岐にわたるし、難しい話にも及ぶ。だが、「うねり取り」を実践するための実用論をまとめるのが狙いだ。そんなことを意識しながら、分類の基準を考えてみよう。

　前述したように、マーケットの価格は人為的なものだと考える"人為論"と、売買の仕組みが教科書通りに機能しているから「価格は神聖なものだ」と位置づける"神聖論"によっても、トレードの方法を分類することができるだろう。

　だが、ここまで掘り下げると深くなりすぎるし、私にもこなす自信がない。

　わかりやすい分類にとどめよう。

　誰にでもわかるのは、「ファンダメンタル分析」か「テクニカル分析」かという分け方だ。

　ファンダメンタルには、個別企業の業績や財務状況だけでなく、為替、金利動向、世界経済といった"外部要因"もあるが、一般に通用するスッキリした説明がつけられる、というイメージだろう。

　対するテクニカル分析は、単純に値動きを観察する方法だ。例えば、「6カ月間下げたあと値動きが静かになった。因果玉の整理（※）がついたのだろう」といった見方である。

※因果玉の整理
　株価が下がると、高値で買ったばかりの人がソワソワしながら株価を注視している。買い値まで戻ったら売ろう、買い値はムリだがもう少し戻ったら売ろう、と構えているわけだ。こうした"売り圧力"となる買いポジションを「因果玉」と呼ぶ。

しかし、安値で這いつくばる株価を見ているうちに、戻りをあきらめて投げてくる。これが「整理」と呼ばれる地味でおとなしい底練りの動きを形成する。「整理がついた」とは、因果玉の多くが投げによって消滅し、目先の売り圧力が弱まった状況を指す実用的な表現。

　ファンダメンタルかテクニカルか——。この分類は、「予測法」に焦点を当てたものであることがポイントだ。前述したトレードの三要素のうち、1つだけに注目している。
　また、ファンダメンタル分析で臨んでも実際に売買するのはマーケットの価格だという点も重要だ。これに対してテクニカル分析は、売買の対象である株価そのものに目を向けるから直接的で実践的だが、ファンダメンタル分析でカンタンに気づくような情報が盲点になるかもしれないというマイナス面をもっている。
　このように、ちょっと立ち止まって考えてやると、いろいろなものが見えてくる。その思考は言葉を生み、根底の知識となり、プレーヤーとしての実力につながる。
　ちまたにある情報をうのみにして、表面的な区別をすることだけは避けてほしい。投資雑誌のノリで「株かFXか」なんてコドモっぽい分類をしたら、非情なマーケットでベテランのカモになるだけだ。
　話を戻して結論を述べよう。
　「うねり取り」は、コテコテにテクニカル分析の手法である。
　もうひとつ、「期間」による分類を考えてみたい。多くの人が「上がるか下がるか」と、結論が出る日時が決まっているかのような議論をするが、これが道を外す典型的なパターンだ。

トレードは実践者の自由意思に委ねられているから、想定する「期間」は人それぞれなのである。

　ネット取引が普及した現在、多くの人が超短期の売買を行う。厳密な分類はないようだが、その日のうちにポジションを手仕舞う"日計り"売買をデイトレードと呼ぶ。また、広い意味では、日計りを含めて「数日以内」の変動を狙う方法までデイトレードに分類される。

　ちなみに、こうした超短期の売買は絶対にやめたほうがいい。不特定多数の人が集まるマーケットの特徴は、とにかく規模が大きいこと。また、多種多様な立場の参加者がいること。この2つによって、個人投資家のささやかな資金（多くても数億円）でバカ儲けしても何の影響も与えない、つまり「しっかりと利益を取るゆとりが存在する」ことが個人投資家に与えられた優位性だ。

　それを捨てて、小さいパイを取り合う"ガチンコ勝負"に臨むのは利口ではない。個人投資家がデイトレードで成功する確率は低く、おそらく、1万人のうちの1人か2人ではないだろうか。

　さて、デイトレードに対するものとしてすぐに思いつくのは、「長期投資」という言葉であろう。世界で有数の資産家、米国のウォーレン・バフェット氏が代表だ。彼は、目先の上げ下げを狙うのではなく、株式投資の根底にある「企業の成長」に目を向け、独自の方法でビジネスモデルを見ているようだ。だから、"バイ・アンド・ホールド"と呼ばれるように、10年、20年と長く持つ方法が成立するのである。

　一般的な期間としては、短めならば1〜2週間、もう少し長くても数カ月、あるいは長期の波動に合わせて数年、といった分け方だろう。

　ここからが重要だ。

多くの人は無計画な売買を行っている。その最大の原因が、「期間」を考えないことにある。トレードの哲学は多種多様、考え方は人それぞれ、手法の分類も多岐にわたるが、「時間」だけが絶対の要素として存在するのだ。

　100万円を投資して2割儲けたといっても、10年がかりだったら別にどうという成績ではない。だが、3カ月間ならば、大きな成功例である。金融の世界だから、成績を示す「率」には必ず「時間」がかかわってくる。見込み違いで買った株を小さい損失で投げて次のステージに向かうのも、塩漬けにして資金をムダに寝かせるのも、「時間」を意識するかしないかの差だ。

　肝心の「うねり取り」は、数カ月間の上げ下げを狙う手法だ。値動きによって多少の作戦変更はあるが、狙っている銘柄が3カ月の上げトレンドを形成したのに買っていなかったとしたら、よろしくない「居過ごし」であり失敗である。

　上げを狙って買ったら上昇した。成功は目の前にある。しかし、6カ月上げたところで「もっともっと」と考えて引っぱったら大きく下げてしまった……たとえ素晴らしい企業で、今後も上昇が見込めるとしても、ウォーレン・バフェット氏なら10年間持ち続けるであろう成長企業でも、「うねり取り」としては失敗である。

2-14 準備に時間をかけろ

　多くの人が、準備に時間や手間をかけずにポジションをつくってし

まう。そして、評価損が発生してから右往左往する。

　そういう人がたくさんいないと価格が大きく上下に動かない、つまり、利益のチャンスも生まれないのだが、この本を読んだ人全員が冷静なトレーダーになったとしても規模の大きなマーケットの動きにはほとんど影響しない。だから、読者の多数がワクワクしてくれないことを承知で、大切な準備について強調しておく。

　よくある行動パターンは、次のようなものだ。

株をやってみようと思いつく。
銘柄を物色する。
恐怖心もあるが、考えているうちに儲かるイメージが膨らむ。
まずまずの金額を投じて「えいやっ」と買う。

　こんなふうにショッピングのノリで始めてしまうと、そこから先も「計画的な資産運用」という路線には全く近づかない。地球に帰還するはずの宇宙船が、銀河の果てに向かって漂流するのである。

　目についた銘柄に乗っかって一喜一憂するだけで、そうやってハラハラドキドキすることが株式投資だという誤った認識を、自分で自分に刷り込んでいくことになる。

　まずは、投資に充てる金額を決め、取引口座に固定することだ。

　株を買ったら買付代金を送金する、売ったら銀行口座に戻す、を繰り返すと、トレードの全体像が見えなくなってしまう。株式投資は、ひとつの事業である。一定のカタチを整えるべきだ。資本金が目まぐるしく増減する会社が、まともな業績を上げるはずはない。

自分の収入、現在の資産、トレーダーとしての目標など、大げさに言えば人生を考えることで計画性が生まれ、根っことなる自分の軸が出来上がるのだ。
　次に決めるのが手法だ。
　この部分が抜けると、やはり銘柄の当てっこ競争に加わることになる。「何が儲かるの？」という思考停止型ではなく、「自分は、これこれこういうトレードで儲けるんだ」という自己推進型で臨みたい。手法が決まれば、その手法と資金量に応じた適切な銘柄を探す基準が、おのずと浮かび上がってくる。
　そして最後は、道具の準備だ。どんなチャートを使うか、価格データ以外に必要な資料があるか、といったことだが、これも手法を選ぶことで決まってくる。
　このように、何を目指してトレードするのかを定め、ひとつ筋の通った行動を心がけるべきだ。
　ところが、現実には次のような人が多い。
　「とりあえず株を買ってみたが、思ったように上がらないので業績などを調べてみる。でも買った理由が漠然としているから、情報が増えて不安が増幅するだけ。困った揚げ句、秘密めいたチャート分析法にたどり着くが、そもそも何をポイントに判断するかが定まっていないから、その銘柄を買ったという行為を正当化する材料探しにエネルギーを注ぎ、"これからどうするのか"という発想には至らない」
　こんなオトナが多いのが現実だが、この行動パターンが、実は自然なことなのかもしれない。常識人を、こんな迷路に誘い込む構造が、株式市場にあるという意味だ。

だから「あっ、自分のことだ」と感じても、自分自身を責めて落ち込む必要などない。自分イジメなんて、サイアクだ。

本書で示す「うねり取り」の手法で計画性のあるトレードを経験し、自分のやり方をつくり上げる明るい未来に目を向けてほしい。

2-15 シンプルで実用的な理論をもて

基本的な考え方や心構えが行動の方向性を決めるから、「うねり取り」の土台である相場技術論に基づいて説明している。また、「うねり取り」を説明する第3章、第4章においても、人生経験やトレード経験が豊富な読者に納得してもらうために丁寧な説明を心がけた。

だが最終的なトレードの実行、つまり、株価を見ながら「売った」「買った」と決断していく段階では、あり得ないと感じてしまうほどシンプルな思考が求められる。

歩いたり、話したり、ハシで食べ物をつまんだりといった、ふだんの生活で体を動かすことを考えてもらいたい。

特に意識しなければ、それなりに上手にこなせる。ところが大切な場面で緊張して「ちゃんとやらなくちゃ」と思っただけで、失敗する確率が驚くほど高くなる。

結婚式のスピーチでしどろもどろになったり、マイクの場所に向かって歩く姿を他人に見られていると意識しただけで右手と右足を同時に前に出してしまったり……。解決するには、事前の訓練で相当な自信をつけるしかない。

スピーチ原稿を仕上げて話す練習をしたり、本番の状況をリアルに想像して自信をつける練習、リハーサルだ。そして、いざ本番では伸び伸びとした自然体のスピーチをすれば、なんとかなる。だが、少しの番狂わせに対応できるのは、やはり場数を踏んだ人だけだろう。

　トレードも同じだ。理論を確認しながら十分に準備し、日々の値動きに対しては自然体で対応したい。「おカネのことだから……」と緊張するほど混乱するばかり、良い決断などできない。

　しかし、十分な準備をしても、最終的な"現場の決断"を行うプロセスが複雑だと、自然体の対応は難しい。事前の訓練や想定通りには動けないという前提で余裕をもち、いざ本番では感じるままに行動できる、シゴトとしての設定が必要だ。

　大切なおカネのことだからこそ、ラクな気持ちで行動するべきで、こういった現実を想定しておくのが本当の意味での「準備」だ。

　ラクな気持ちで行動するといっても、いいかげんにやって損してもいいということではない。どうしたって緊張するトレードという行為の中、最も力を発揮するための「自然体」をつくり出そう、そのために極めてシンプルな基準をもとう、ということだ。

　日常生活で、親しい人に「おはよう」とあいさつするのと同じくらい、ナチュラルかつなめらかに行動するイメージだ。現実では、満点の数割しかできないものだが、最初から数割と考えたら数パーセントしかできない。理想を追い求めたい部分だ。

　私たち投資家が目指すのは、研究家ではなく実践家になることだ。そのために、理詰めで考えたものを、現場で使える実用的な理論、反射的に動ける単純な基準に落とし込む必要がある。

手法とは、予測法をこねくり回すことではない。「予測法」「ポジション操作法」「資金管理法」が、バランスよく融合した具体的方法論である。実践的かつ実用的に体系づけられていなければならない。

2-16 趣味的要素の排除

　トレードはバクチなのか——こういう議論は、実にバカバカしい。
　そもそも、「バクチ」という言葉の定義があいまいだ。バクチ＝イチかバチかの無鉄砲な行為という意味だろうが、株の売買を含むあらゆる商行為はその人のやり方次第だ。
　だが、昔から「相場に手を出す」という否定的な表現があるように、金融マーケットへは手軽に参加できるかわりに大ケガをする人が多い、という事実は認識しておくべきだ。
　トレードは実に面白い、いや、面白すぎるのだ。趣味で料理教室に通う男性が年を追うごとに増えているそうだが、自分で計画してものづくりをする行為が純粋に楽しいし、ふだんは狭い枠の中で与えられた仕事をしているケースが多いため、自由なところが魅力だという。
　トレードも料理教室と同じで、社会とつながりながらも自由闊達でいられる部分が魅力である。しかしそういう楽しみだけを追求してしまうと、それこそ悪い意味のバクチに陥りかねない。
　こづかい銭で、スリルを追うトレードを楽しむ人もいる。それはそれで問題ないが、大切な資産を本気で運用するのなら、やはり趣味的な部分を排除しなければならない。

料理だって、毎日のシゴトとして取り組む主婦ならば、一品ごとに「おいしそう！」「かわいい～」などとお気楽なことを言っているだけではダメで、家族の健康と家計という制約の中で工夫しなければならないだろう。

　だが、しかめっ面で取り組むだけでは、良い結果など生まれない。最新の科学でも、人はラクな気持ちで楽しんでいるときにこそ高い能力を発揮する、といわれている。前項で、「ラクな気持ちで行動すべき」と述べた根拠だ。相場の世界で結果を出すためには、カネ勘定だけでなく、爽快さを求める純粋な気持ちも必要だと確信している。

　「これはカネを殖やすシゴトなんだ」という意識は必要で、「趣味的な要素を排除しよう」という提案につながるのだが、「楽しみは一切不要」と言い切ると語弊がある。どんな職業の、どんな業務でも、嫌々では続かないし、質も高くならない。

　トレードでよろしくないのは、ポジションを抱えながら１万円札の束を生々しく想像することだ。良いときの刹那的な快楽と、悪いときの落胆……ジェットコースターに乗っているようなスリルに慣れると、そこから離れられ・・・・からだになってしまう。一匹狼のプロが行う地味な売買を教わったアマチュアが、実際に手堅い利益の連続を体験しても、「つまらない」と感じてやめてしまうことがあるのだ。

　まずは練習として、地味でストイックな"つまらない"やり方に自分を合わせてみることだ。純然たる競争の場で勝つために……。

　だが、心底つまらないことなんて続くわけがない。地味な行動の中にあるプロの行動スタイルに光るものを見つけ、密かな快感としてほしい。

第3章

うねり取りを実践するための古典的手法

この章からは、うねり取りの具体的な実践方法を説明する。

　うねり取りというひとつの流儀であるから当然、長所もあれば短所もあるわけだが、個人投資家にとって最も実行しやすいという点を強く推したい。

　だが、個人投資家が入りやすい面の裏側には、"個人的な技術"を核にするという、「自由であるがゆえ難しい」部分がある。

　塗り絵ならば枠の中を塗れば絵が完成する気楽さがあるが、真っ白な紙を渡されて「自由に絵を描いてください」と言われたら、絵心のある人以外は固まってしまうだろう。

　だから、その「絵心」とともに、少しずつ具体的な取り組み方を述べていく。慌てずに、じっくり考えながら読み進んでほしい。

　手っ取り早く儲けたい……そういう気持ちは「底力」として保存しておいてほしい。プロでも、新しい銘柄を手がける、新しい基準を取り入れるときには、時間を割いて考え、小さな数量の練習売買を繰り返すものだ。

　私が行う中源線建玉法（第5章で説明）のセミナーに、プロが参加することもある。プロだから、独自の考え方とやり方を確立している。しかし、経験の少ない人と同じように黙って説明を聞き、アマチュアと同じように素直な質問をする。

　考え方を"受け入れる"かどうかなんて、最後に決めればいい。まずは、すべてを"受け止める"ことだ。まっさらな気持ちで体系立ったものを受け止める、うねり取りの「絵心」の説明に耳を傾けるようにしてほしい。

3-01 流行と古典

　いろいろな分野で、新しいものを利用するのが便利で正しいケースが多い。例えば、インターネットを否定したら単に不便なだけだ。東京大阪間の移動に新幹線を利用せず、「昔はみんな歩いていた」などと主張するようなものだと思う。

　だが、インターネットの利用や、インターネット上の情報そのものが利益を生むわけでない。「新しいものが良いもの」という上っ面だけの論理を疑う姿勢で、トレードの本質を考えてみたい。

　マーケットでは、参加者の売りと買いによって価格がつく。このことから、時代が変わっても実際に行うことに大きなちがいはない、との"仮説"が生まれる。この考え方が、相場技術論の根幹である。

　インターネットとパソコンの普及によって、システムトレードや売買の自動執行などの革新的な取り組みが、個人投資家にも身近になった。また売買手数料の自由化で、個人投資家にも短期トレードで利益を上げる道が開かれた。

　一方、アメリカでは依然として、バイ・アンド・ホールド（長期保有）戦略を実行するウォーレン・バフェット氏が好成績を上げている。短期トレードが可能になった、流行として広がっている、というだけで、数カ月単位のトレードが通用しなくなったということではない。

　情報の伝達スピードが変わったが、電話だけの時代でもマーケットでの情報伝達スピードは信じられないほど速かった。インターネットの普及で、一般投資家と業界内部の人間の差は縮まったが、トレード

の本質を変えてしまう変化ではない。

　仮にトレードが、スポーツのような固定的ルールの下に行われるものだったら、話は全く別である。スポーツのような固定的ルール——つまり、用意する資金、トレードの開始、トレードの終了、勝ち負けの判定などがあらかじめ決められている、という状況だ。

　しかし、資金量もまちまちだし、売り買いのタイミングを含めたすべてが自由意思によるものだから、新しい理論に基づいた新しい道具を使わないと負ける、というようなことは起こらない。

　さて、これだけでは、古典的な立場の相場技術論を「価値あるもの」と説明するには弱いだろうか。

　「早耳の早倒れ」という相場格言がある。情報をいち早く入手した者が勝つとは限らない、という意味だ。マーケットにおける価格変動の流れは、きっかけとしての情報があり、需給の力関係があり、感情を伴った多くの参加者が動きを加速させる、というものだ。

　時代が移り変わっても、この構造が同じである以上、マーケットから距離を置いて価格の推移だけを見ていこうという古典的な手法は、現在でも、そして未来においても有効であると考えられるのだ。

　むしろ現代のように情報過多の時代では、相場技術論の優位性が高まっているといえるかもしれない。相場技術論は、トレーダー自身の対応が主体である。つまり、ポジション操作や資金管理を中心にした技術で利益を得ようという考え方だ。

　情報があふれる中でブレない、確固たる哲学を内包している。少なくとも、情報戦や超目先を追う短期トレードの勝負に参加しないのだから、個人投資家にとっては入りやすく使いやすい手法だと言いたい。

3-02 数カ月を基準にする

　「うねり取り」は手法で、「相場技術論」は根底のトレード哲学だ。だが相場技術論をとことん素直に方法論に落とし込むと、最短距離にある手法は、銘柄を限定したうねり取りではないかと私は考えている。

　多くの人が気にするのは、日々の騰落である。これについて、"どんなふうに気にしているのか"を落ち着いて考えてみると、現実的な問題から外れている事実が見えてくる。

　まずは、個別銘柄だけを売買している人の多くが、日経平均株価の上げ下げをチェックする様子が気になる。

　日経平均の前日比がプラスだったことを確認して「今日の株式市場は高かった」となるのだが、単に「自分の持ち株も高いだろう」と期待を膨らませるだけだ。

　そして持ち株の前日比がマイナス、あるいは期待ほどのプラス幅でなかったときに「なんでだ？」という言葉が頭に浮かぶ。

　もちろん、これにも実践的な意味はない。日経平均がプラスで持ち株がマイナスだったら、その理由を説明する言葉を探す、両方ともマイナスだったら「仕方がないな」と捨てゼリフを吐く——"次の一手"につながらない思考を繰り返し、トレードを実践しない経済記者が書いた市況解説を読んで一喜一憂するクセがつくだけである。

　トレードを考える観点はさまざまだが、ほとんどの人は予測法のみを問題にする。だが実際には、トレードの想定期間と、値動きを捉える時間軸が非常に大切だ。

超短期トレードを行うわけでもないのに「今日は高かった」「明日は……」という刹那的な観察だけでは、あまりにもチグハグだ。

　実践者である以上、「今日は」「明日は」と思い浮かべるのは自然だが、それはそれとして置いておき、あらためて自分の戦略や基準を使って判断する。そういう時間をつくるし、そのためにチャートなどの適切な道具が存在するわけだ。

　だが、情報を外部に求める多くの人たちは、観察と実行にギャップがある、というよりも、自分がやろうとしていることを特に決めていないまま、「市況解説」という"読み物"に熱中するのだ。

　うねり取りは、数カ月単位の上げ下げを観察することから始まる。具体的には３カ月、６カ月と、３の倍数を基準にトレンドを見出そうとする。

　株価に影響を与える特別な材料、例えば新技術の開発や大きな事業改革といったニュースがなければ、自律的な上げ下げでおおよそ３カ月周期が生まれる、と考えるからだ。

　常にぴったり３カ月、というわけではない。しかし、すでに述べたように、底の翌日が天井になることはないし、天井の数日後が底になることもない。完ぺきな分析など通用しない株価変動が相手だから、「一定の期間、上げ下げが続く」という発想でトレンドを見出すアプローチがとても有効なのである。

　このように、値動きを観察する時間軸を決めれば、トレードの期間も明確になる。行き当たりばったりではない姿勢、洪水のような情報に身を委ねる受け身の姿勢でもない、自らが積極的に考える"計画的トレード"の第一歩が完成する。

3-03 価格ではなく日柄が基準

　「3カ月または6カ月のトレンド」と結論を述べたが、「日柄も見る」ではなく「日柄だけを見る」というくらい極端な表現のほうが、実践的かつ実用的だ。

　トレードは売ったときと買ったときの価格差で損益が決まるので、つい価格を中心に考えてしまう。誰だってそうだ。

　一般的な商行為では、これが正しい。80円で仕入れて100円で売れる商品について、80円の仕入値を交渉によって78円にできないだろうか、工夫することで110円で売れないだろうか、と考えるわけだ。

　しかし金融マーケットでは、そういった交渉や工夫は物理的にできない。500円の銘柄があったら、大統領が買っても500円、アラブの石油王が買っても500円、学生がアルバイトで貯めたカネで買っても500円である。「そこをなんとか」「もう一声お願い」といった駆け引きは一切ないのである。

　では、考えられる工夫、つまり"自分でコントロールできる"のは何かというと、メインはタイミングだ。例えば、1,000株だけ買うときに、いつ買うか、いつ売ってポジションを閉じるか、ということだ。だから、日柄中心の観察が、実際のトレードに直結するのだ。

　売りと買いの価格差がプラスになることを求めるのだから、「価格を気にしない」という考えは受け入れ難いだろう。だが、買い値、現在値、前日比の3つだけを見て一喜一憂する多くの人と一線を画すようにしないと、勝ち組にはなれない。

日柄を中心に、いや、日柄だけを見るように努めてトレンドを見出せば、スポーツ記事よろしく日中の動きをドラマチックに語る市況解説に惑わされることもなく、落ち着いてトレード戦略を考える姿勢が生まれる。

3-04 季節的な変動がある

　株価には、季節的な変動がある。これも「必ずそうなる」というわけではないが、日本の株は春に高くて秋に安い。もう少し無難に表現すれば、春から夏にかけての年央あたりが高く、秋から年末にかけて安値をつける傾向がある。

　このような、説明が不可能な変動を「アノマリー」と呼ぶ。そして、これを利用して手堅い利殖を行う投資家も少数ながら存在する。

　秋ごろに下げてきたところで、業績や財務状況に不安のない銘柄を分散して買い、春を目安に売って100％現金化する。そして再び下げるまで、ポジションを持たないままジッと値動きを見守るのである。

　つまり、年にたった1回のトレードを前提とした戦略なのだ。もちろん春高と秋安が保証されているわけではないから、そういうシナリオを基準に「今年もそうなるかな」と真剣に観察しなければいけないし、「年1回」のために観察する期間が長い。勝率を高めることが大きく期待できる半面、苦労も必要である。

　だが、こうやってマーケットと距離を置く姿勢は、情報が飛び交い価格が乱高下するマーケットにおいて、大きなアドバンテージ（有利

な面）となる。数カ月の上げ下げをコンスタントに取っていこうとするうねり取りでも、こうして"マーケットと距離を置く"発想は欠かせないものだ。

　ちなみに、「年1回」の戦略を紹介すると、少しでも株を売買したことのある人は「なるほど」とうなずく。しかし、現在損ばかりしている人でさえも実行しようとしない。

　理由を尋ねると、「だって、年に1回だけでは損しちゃうから」と答える。損をしている人が儲かりそうなアイデアを聞いて納得したのに、「損しちゃう」と断るのだから実に不思議だ。

　トレード機会が多すぎてマイナスを出していると考えながらも、つい「次のチャンスを逃すまい」という気持ちが先行してしまい、バタバタと手数を増やすのが習慣になってしまっているのかもしれない。

　さて、うねり取りの具体的な説明に戻ろう。

　「3カ月または6カ月」のトレンドだから、上げまたは下げの片道が6カ月ならば、チャートには年に1つの山が出現することになる。片道が3カ月ならば、年に2つの山が出来上がる。

　こういった時間軸を基準にしたとしても、株価の先行きは基本的に予測不能だし、具体的な売り買いについて「今日なのか、明日なのか、来週なのか」と考える必要もあるのだから、それなりに忙しい。

　しかし多くの人は、さらに"お仕事"を増やす。日々のニュースをくまなくチェックし、「マーケットにどんな動きが出るか」を推理する。その結果を検証しながら、さらに新しい情報を探す。

　これほど忙しいことをしながらも具体的な行動は起こさず、「失敗した」と感じている"ダメなポジション"を後生大事に抱えている。

こうした悪いクセがつく前に、まずはマーケットと適切な距離を置くように心がけてほしい。悪いクセがついている人は、あらためて新しいイメージで株価を観察するようにしてほしい。

3-05 カレンダーで売り買いしても儲かる？

「日柄を中心に株価変動を観察する」ことについて、ひとつ面白いシミュレーションを紹介しよう。

東証一部に上場する繊維の老舗企業、東レ（3402）を、カレンダーの日付だけで売買したらどうなるか、というものだ。

次に示すのは東レの、2010年4月から2013年8月まで、およそ3年間の値動きで、日々の終値を線で結んだ折れ線チャートだ。

一般的に人気の高いローソク足（陰陽足）と比べて情報量が少ないが、トレンドを見るには適している。しかしチャートを見ても、まずは上げ下げの中の最安値や最高値に目をつけたり、あるいは東日本大震災の直後にガクッと下げたところが目についたりすると思う。

2013年に関しては、5月にかけて噴き上がった際の値幅や、5月22日につけた日経平均の高値15,432円を思い浮かべるかもしれない。

ここに別の視点を持ち込み、「大ざっぱな6カ月単位の上げ下げ」を探してみた。

具体的なシミュレーションとして、先ほど述べた「春高の秋安」を前提に、毎年4月の始値で売り、10月の始値で買い、という半年ごとのトレードを行ったらどうなるかを計算したのだ。

- 4月に1,000株カラ売りして10月に買い戻す
- 買い戻すと同時に現物を1,000株買う、つまりドテンする
- その現物を翌年の4月に売って再びドテンする、つまり現物売り手仕舞いと同時に1,000株カラ売りを仕掛ける

（6ヵ月の信用取引で6ヵ月後の期日が休日だった場合は前倒しになるが、自動売買のシミュレーションではないので無視して計算した）

日付	始値	利益幅
2010年 4月1日	547円	
2010年10月1日	468円	＋79円
2011年 4月1日	604円	＋136円
2011年10月3日	537円	＋67円
2012年 4月2日	621円	＋84円
2012年10月1日	448円	＋173円
2013年 4月1日	628円	＋180円

　結果は、とりあえずこの期間では全戦全勝、しかも3年間6回のトレードが平均で119.8円、年間2回だから239.6円幅に及んだ。

　仮に2010年4月に50万円でスタートしたとしたら、50万円のトレード資金が3年間で約120万円に膨らんだことになる。単利で計算しても、年間約48％の利益率だ。もう少し現実的に、余裕を持って100万円でスタートしたとしても、単利で年24％の利益率となる。

　実際には、どれだけ周期がはっきりしていようとも将来の保証など何もないのだから、単に日付だけを見てトレードすることは不可能だ。現実の問題はたくさんある。例えば、東日本大震災が起きた2011年3月にガクンと下げている。カレンダーを見ながら買いポジションを

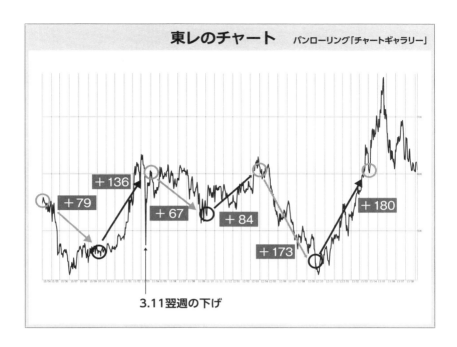

維持して４月に売却、などと説明するのは無責任だろう。

また、安倍政権誕生後の株価上昇をみて、2013年４月１日にドテン売ることができるだろうか。日経平均が過去にないほどの上昇をみせ、「アベノミクス相場」などとメディアが騒いでいる状況だったし、実際に東レも、春高のあと下げているものの、翌５月に上値を取っているからだ。

３カ月または６カ月のサイクルを基準にするといっても、周期がズレたり、一時的に周期的変動がなくなってしまうことも常に想定しておく。だから、少なくともカレンダーだけで売買する、状況に関係なくポジションをドテンする、というのは現実的な話ではない。

だが、たとえ３年間だけでも、単純な６カ月ごとの売り買いが計算

上、利益になったという事実は無視できない。これこそが、うねり取り、あらためて言うと、「3カ月または6カ月のトレンドを想定した銘柄限定のトレード」を支える、大元の発想なのである。

　つけ加えておくと、現実においては、この「カレンダー通りのシミュレーション」よりも大きな利益を出せる可能性がある。6カ月ごとの各トレンド内にあるジグザグの動きを少しずつ余分に拾えば、4月と10月の価格差以上に利益を出すこともできるからだ。

　チャートのタテ軸だけに目を向けると視野は狭くなるが、こうして現実を考えると気づきも増える。プラスになりそうな部分とマイナスになりそうな部分の両方がある。こんな発見があり、建玉操作を駆使した対応によってプラスを増やそうという、現実のトレードをイメージしやすくなる。

3-06 "専門バカ"で上げと下げの往復を取る

　多くの人が行うのは、数ある上場会社の中から"大化け"する銘柄を見つけようというアプローチだ。大化けでなくても、"それなり"に上昇する銘柄を探す。いずれにしても「銘柄の発掘」だ。

　わかりやすい夢がある。しかし、達成は極めて困難だと言いたい。

　日々いろいろな銘柄が動いているので無限のチャンスがありそうに思えるが、現実の確率は低い、いわば偶然に頼る行為だ。「日々いろいろな銘柄が動いている」などという、参加者全員に平等に与えられた条件は意味をもたない。

実感が湧きにくいかもしれないが、間接的ながら明らかに競争がある世界なのだから、ごく常識的な人が常識的に考えて行動すれば、多数の負け組のど真ん中を突っ走るのである。「自分はちがう」と考えるのが当たり前の心理だが、一歩だけ退いて「自分も大衆のひとり」との認識でスタートしたい。

　値幅を取るのはトレードの醍醐味だし、2つの銘柄があって「どっちを買う？」と聞かれて「どっちが早いか」と思うのは、シロウトの発想でもなければ、山っ気がある考え方でもない。

　だが、「値幅を取らないと納得できない」「何が何でも当てるんだ」と意気込んだって、悪い結果しか生まれない。開かれた競争の場で、誰もが同じことを夢見て行動しているからである。

　結果を出すために有効なアプローチは、2通りあると思う。ひとつは、その激烈な競争の中で多くの競争相手を上回る能力を発揮することだ。もうひとつは、異なる視点をもって多くの人とは別のゲームを展開することである。

　後者のほうが、明らかにやさしい。そして、そのひとつがうねり取りだと確信して、この本を執筆している。

　みんなが銘柄の発掘と入れ替えにエネルギーを使っている中で、銘柄を限定してしまう。みんなが今日買って明日売れないかと躍起になっている姿を横目に、年に1回か2回でもいい、確度の高い場面で出動して着実な利益を上げようとする——。こういうことである。

　要するに、"専門バカ"でいいということだ。

　日経平均の水準も知らなければ、各種経済指標の発表時期も知らないし興味もない。自分が手がけている銘柄についても詳しくないし、

極端な場合は「何を作っている会社か」も知らない——実際、こんなプロトレーダーも多い。

　トレードだけで生活費を稼ぐ人にも理論派はいるが、決して理論で先行きを当てて儲けているわけではないし、雑誌に書かれるような理論など何も知らないけれどポジションをうまく動かして利益を上げている人も少なくない。

　うねり取りでは、大化けする銘柄を当てる必要はない。いや、手がけている銘柄が大化けしてしまったら困るのだ。同じ銘柄がおおよそ同じような価格帯で上がったり下がったりしていてくれないと、商売にならないのである。

　そのかわり、いつも同じ銘柄を見ていればいいのだから、限定されたトレード資金をどう活用するか、日々移り変わる現状に対して「どう動こうか」という肝心な部分に集中できる。これが強みだ。

　そして年に数回かもしれないが、上げトレンドと下げトレンドの両方を狙うことができるのである。

　戦略的にいろいろな銘柄を手がけるトレードが、品数の豊富な中華料理店ならば、うねり取りはしょう油ラーメン専門店だ。

　では、大化け株を狙って結果が出せない人は？

　山っ気たっぷり、落ち着きなく商売替えばかりしている人だろう。

3-07 "事件"がないのが良い銘柄

　大化けせずに同じ価格帯を行ったり来たりする——そんな銘柄を相

手にじっくりと取り組もうというのが、うねり取りだ。かといって、例えば「300円まで下がったら買い、500円まで上がったら売り」と、チャートのタテ軸の「価格」だけで片づくような、都合のいい銘柄などない。

そんな、子どもでもわかるような法則があったら、マーケット参加者が放置しておかない。仮に法則らしきものがあったとしても、自分が気づいたということは、ほかにも気づく人がいるということで、遅かれ早かれ多くの人が気づくから、すぐに有効性が消えてしまう。

だが、常に同じレンジ（範囲）を往来する、周期も一定している、というのが「モデル」、つまり理想のイメージである。そのモデルに最も近いのは、「事件がない企業」なのである。

事件がないとは、「不祥事や業績の急激な悪化などがない」ということだ。不測の悪材料は、資金をリスクにさらす者にとって好ましくないからだ。しかし実は、「好材料が出現することもない」のが、真の意味で"事件がない"銘柄である。

「株は買って持つもの」「上がってくれると儲かる」という狭い固定観念では悪材料を嫌うだけになるが、真のトレーダーにとって株は、企業の持ち分でもなければ経営に参加するための存在でもない。

単に、「現金を殖やす」ために「ポジションを取る」対象でしかないのだ。うねり取りで対象とする企業が大きな発明をして株価が大きく跳ね上がったら、戦略を根底からつくり直さなければいけない。

「買っているときに大暴騰すればありがたい」と、その場の利益だけを考えて片づけることはできない。単独でうねり取りを行う"個人商店"は、場が壊れたときに、すぐに対応できないからだ。

第3章　うねり取りを実践するための古典的手法

個人経営のしょう油ラーメン専門店が雑誌に取り上げられて一時的に人が集まったら、目先の売上は伸びるものの常連客が離れ、一過性の人気が去ったあとは客がいなくなるという。これと同じだ。

　さて、業績に影響する好材料や悪材料のほかにも、株価を動かす要因はいろいろある。例えば、株主構成の大きな変化も株価を動かす材料だ。ひとつの"事件"である。株主構成に大きな変化がなくても、そもそも発行株数が少なければ、需給のゆがみによってブレを生む。日経平均との連動性が高いとか、手がける人が多いなど、なにかと注目度の高い企業も、ちょっとした業績の変動に対して過敏になるから動きが読みにくい。

　総合的に考えると、ある程度の規模の老舗的な企業で、売上も利益も安定していて、"何事も起こらない"会社、もちろん名前は広く知られているが、有望銘柄として話題になることもないような"地味"な銘柄が好ましい、ということになる。

　「材料がないと株価は動かない」と考えている人もいるが、大きな間違いだ。多くの銘柄に季節的な変動、株式市場全体の騰落などを背景にした自律的な上げ下げがある。

　前述の東レは説明に適しているので取り上げたわけだが、決して例外的な値動きではない。仮に本当に何の変化もない企業が上場していたとしても、おそらく適当な自律的上げ下げをみせるだろう。

　株価を動かす要因の中で、この自律的な上げ下げが占める割合が高いと、個人投資家は手がけやすい。材料やニュースを気にせず、ポジション操作にエネルギーを向けることができるからだ。あらゆる面で"事件がない"のが、うねり取りに適した銘柄なのである。

3-08 条件は「地味な安定」

　うねり取りに適切な銘柄を説明したので、もう少し具体的な探し方についても触れておきたい。

　まず、値動きに悪いクセのある銘柄は避けたい。例えば、ほとんど動かないのに突然、極端な上げ方をするとか、ストップ高の翌日にストップ安をみせるなど、いわゆる突飛な動きをする銘柄は避けるべきだ。突飛な動き、激しい動きほど人を魅了するらしく、動きが話題になると多くの投資家が群がって「売りだ」「いや、まだ買いだ」と、なにか"いじくろう"とするのだが、ここまで読んだ読者なら、「落ち着きのない態度」「スリルを追う"遊び"のトレード」だという私の主張とつなげてくれているだろう。

　さて、突飛な動きを避けるには、とりあえず小型株を敬遠することになる。間違いなさそうな銘柄、無難な銘柄……カンタンな絞り込みをするなら、各業種のトップに並ぶような企業で極端な収益構造の変化がなさそうなもの、ということになる。

　うねり取りの対象は業種を問わないのが基本だが、例えば建設株は長い期間の上げ下げで居所を変えてしまうものが多い。極端に表現すれば、100円が人気で1,000円になり、その人気がはげると、また100円になってしまう、というようなイメージで、継続して上げ下げの両方を狙っていくうねり取りが実行しにくいという意見もありそうだ。

　さて何事も起こらない銘柄と示したが、決して単に"日陰にある"ような銘柄ということではない。

例えば東レは、有望銘柄として派手に取り上げられることは少ないが、航空機に使用される炭素繊維素材で広く知られているし、動向が経済紙などに掲載される機会も多い。同じく繊維ポストにある旭化成は、住宅や化学品の企業として同じようなことがいえる。

　しかし同じ繊維ポストでも、従来の繊維業が斜陽化したあと、好調だった時代の不動産を活用した地味な事業を中心としてきた企業もある。そういった企業の株価は人気が薄れたときにグッと安値に寄りやすいし、保有不動産を材料に大きく上げる場面があったりもする。

　単純に業種で考えず、一定の規模がある、収益事業が一定レベルで評価されている、しかし大躍進はない、というように、日陰の存在ではない"地味な安定"というのが、うねり取りを行う対象の条件だ。

3-09 当てるのではなく流れについていく

　さて、銘柄を決めたら、最低の売買単位で練習のトレードを行う。頭で理屈のみを考え、「よし出陣！」とばかりに大きな資金を動かすケースが多いが、これは絶対によろしくない。泳いだことのない人が水泳の教本を読んで「泳ぎ方が理解できた」と海や川に飛び込んだら、誰もが想像する通り、溺れることになる。これと同じである。

　トレードは頭のゲーム……ある意味、正しいが、その頭でもう少し深く考えてみたい。参加者全員が同じ条件で競争するのだから、理屈ではない部分、「心の微妙な働きが明暗を分ける」という理屈を思い浮かべてほしいのだ。

練習の具体的な方法はあとで述べることにして、ここではトレードのイメージを説明しておこう。

　チャートを見て上げ下げをチェックすると、私が説明したトレンドというものがなんとなく理解できると思う。そして、「この上げで買い」「この下げはカラ売りするか休んでいればいい」といった具体的な行動も想像できるだろう。

　だが、いざポジションをつくってみようとすると、ものすごく緊張する。過去のチャートを見ると、どうしても「儲けるのはカンタン」と感じる。結果が見えているからである。

　ところが、「今は安いところだから買ってみよう」と考え始めたとたん、「さあ、やってみろ！」という威圧的な声が、どこからか聞こえてくる。

　そして当てようと力が入り、チャートの一部分だけを見て"秘密のシグナル"を探し始めてしまう。これが、ごくふつうの反応だ。

　しかし、うねり取りの売買はちがう。「予測は当たらない」という前提で、ポジション操作の技術を駆使しようとするのだから、日柄を中心に観察してトレンドを仮定し、分割でポジションを増やしながら手探りで進んでいくのだ。

　動きを当てる必要などないのである。「当てなくっちゃ」と堅くならず、日柄を見ながら常に"その時点での仮説"を立てるだけだ。

　例えば、およそ6カ月のサイクルで上げ下げしている銘柄ならば、「高値からほぼ6カ月だから、転換期が近いかも」と考えることがスタートだ。そして毎日、「下げ止まっているか」「上昇の兆しはあるか」を確認しながら、分割の1回目のタイミングを計るのだ。

ここでも再び身構えて堅くなりやすいから、「わからないからチャートをつけて戦略を考えているんだ」「一発でまとめ買いして6カ月間売ることを禁じられるわけじゃない」と、自分が実行しようとしていることを再確認したい。最終的には「見事に勝ちたい」のだが、それができないから悩み、具体的な方法論として「自分にできること」に取り組むのだ。こうして、自分の立ち位置を明確にして落ち着こうと試みるのが、大切なトレードの一環である。

　うねり取りという手法を選び、チャートの観察を通じて自分自身の答えを出して行動するのだ。期待外れの動きがあっても、動揺する必要はない。見込みが違ったら出直し、あらためて流れを読んで"トレンドについていこう"とするだけだ。

　こういう"シゴト"としてのトレードを心がけてほしい。

3-10　生活費を稼ぐ職人の売買

　株式市場の参加者は全員、儲けたいと考えている。しかし、漠然と「儲ける」といっても、いろいろな儲け方がある。

　参加者の中には「こづかい銭で遊ぶだけ」という、スリルを楽しむことが目当ての人もいるから、分類し始めるとキリがない。ここでは、まっとうに儲けようという立場の人を、「資産を殖やすトレード」と「生活費を稼ぐトレード」の2つに分けて考えてみる。

　前者の場合、時間軸は長い。実際のトレードが割と短期だったとしても、結果に対する目標は数年単位になる。

例えば、「現在1,000万円のトレード資金が、5年後に3倍の3,000万円」といった目標だ。うねり取りを、資産形成に利用することもできるが、もともとは生活費を稼ぐための手法と位置づけられてきた。

　3カ月・6カ月のうねりを対象にポジションを取るのだから、給料のような毎月の収入は望めないが、半年か1年刻みで考えて生活費を稼ぐという設定は可能だ。

　分割売買を行うし、いったん利食いして逃げたあと建て直すこともあるからトレードの「回数」を一概に数えることは難しいが、少ないと年に2～3回、多くても5～10回といったイメージだろう。これによって、生活費を稼ぐトレード、日銭稼ぎの売買、をするのだ。

　私が運営する林投資研究所では、「FAIクラブ」（エフエーアイ）という投資クラブを主宰している。といっても、みんなで資金を持ち寄って、おままごとのように売買を決めるのではない。独立して活動する個人投資家が集まり、低位株投資の手法を研究しながら、実際に手がける銘柄を選定しているのだ。売買は、それぞれの責任で自由に、自分の資金で行っている。

　この低位株投資の手法では、東証一部に限定しているものの、対象とする（なり得る）銘柄が多く、資料作成などに手間がかかる。その半面、売買の実践はやさしいという特徴がある。

　ところが、大きく上昇する低位株を選ぶには、「株価の居所が大きく変わる」銘柄の安値圏に注目する。つまり、多くの場合、うねり取りには適さない銘柄を相手にする。

　こういった銘柄の大きな上げ下げを見る場合、例えば「3年かけて大きく下げ、安値の保合（もちあい）が5年続いている」といった長

い時間軸を使った観察が求められる。ゆっくりと資産を殖やすには好都合だが、うねり取りのように生活費を稼ごうとするとチグハグになってしまう。

ここでも、「時間」の問題が出てきた。価格は勝手に動くし、思うように当てることはできない。そんな、わからないことに目を向けると迷いが出るだけなので、どんな手法でも、自分がコントロールできる「時間」を重視して値動きを見るのがポイントだ。

3-11 道具は日足と場帳、そして玉帳

前項で軽く紹介した「FAIクラブ」の投資法では、多くの資料を必要とする。クラブのメンバーは全員、規定サイズで作られた月足チャートを300銘柄以上、コツコツと手描きしている。

そのほかにも、業績予想の変化や財務状況をチェックする資料に目を通す。このファンダメンタルズの資料は現在、電子データ化して共有しているので、個人個人が手間をかける必要はないが、とにかく資料の種類と量はそれなりに多い。

これに対してうねり取りは、手がける銘柄が1つだけならば、その銘柄の日足チャート、終値を数字で記入した「場帳」（ばちょう）、そして売買を管理しながら記録する「玉帳」（ぎょくちょう）をつけるだけでいい。

大手の企業でさえも時代の変化により、業種・業態が大きく変化するし浮き沈みもある。

そういった面を再確認することも必要だが、極端な変化さえなければいいわけで、数字とにらめっこする作業は必要ない。トレードの結果は、たった2つの要素で決まる、と考える。ひとつは「株価（の変動）」、もうひとつは「自分のポジション（の取り方）」だ。

　多くの人が材料や状況を判断してマーケットで価格を決めてくれるから、その価格を独立した事象として観察するのが基本だ。株価は、多くの人が出してくれた結論で、「現在の価格」は「現時点でのファイナルアンサー」と考えればシンプルだ。こう定義すれば、自分の出処進退を考えることにほぼ全エネルギーを注ぐことができる。

　さて、うねり取りの道具は少ないといっても、3種類のものには、それぞれ大切な役割がある。次項以降で、ひとつずつ説明しよう。

3-12　日足

　うねり取りに適しているのは日足だ。3カ月や6カ月のトレンドを見るうえでは、月足では大ざっぱすぎる。生活のリズムに近い週足は一般的に人気があるが、「株価変動の期間と合わないから、形を見るのに適さない」と昔からいわれていて、私もその通りだと感じる。

　日足といっても、いろいろな種類がある。多くの人が好んで使うのはローソク足（陰陽足）だが、うねり取りには、日々の終値だけを点で打ち、その点を線で結んだ折れ線チャート（別名、ほし足）が適している。ローソク足は日本独自のもので実に面白いのだが、やや情報過多といえるのだ。

ローソク足は、寄付よりも引けのほうが高い陽線は白抜き、逆に寄付よりも引けのほうが安い陰線は黒塗り、そして日中の高値と安値を上下の「ヒゲ」として描く。

　「十分な情報がある」という点で人気があるのだと思うが、わずか１日だけでも４つの数値があり、それが陰線または陽線と視覚的な差を設けて描かれているから、うねり取りで３カ月または６カ月のトレンドを観察するには、やはり情報が多すぎるのである。

　ローソク足を使うと、１本の足（１日分）で強弱を考えるだけにとどまらず、線組み（せんぐみ）といって、隣り合った２本の組み合わせを見たり、集合形で見たりと、観察のポイントは多岐にわたる。

　ちなみに、さまざまな集合形に「つばめ返し」とか「明けの明星」などと名前をつけて強弱転換を示唆した「型」があるが、ある程度までは根拠があるものの、伝えられる過程で創作されたり、ゆがめられたりして、"お遊び"に興じている感がある。「四十八手」などと、相撲の決まり手だかセックスの体位だかのように数をそろえている時点でかなり怪しい。

　「四十八手」まで持ち出さなくても、見ていて"面白い"ローソク足は、実践者に余分なことを考えさせる。カネがかかっている切実な問題だけに「当てよう」とするのが人間であり、さまざまな"顔"をみせてくれるローソク足に「秘密のサイン」を求めてしまうのだ。

　これに対して、終値だけの折れ線チャートには、１日で一値の情報しかない。不安に思うかもしれないが、そもそも「情報を増やしたって当たらない」のである。現在の価格が現時点でのファイナルアンサーなら、取引終了時の「大引値」は、最も価値のあるファイナルア

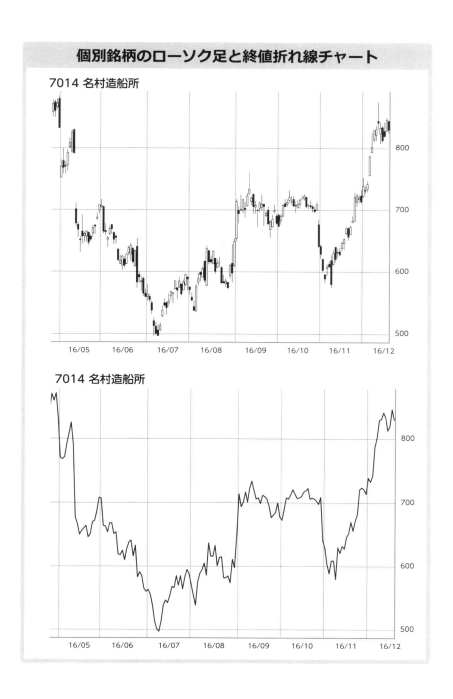

個別銘柄のローソク足と終値折れ線チャート

7014 名村造船所

第3章 うねり取りを実践するための古典的手法

ンサーだ。このような簡略化、効率化こそが"シゴト"だと言いたい。

　街でシャツ1枚を選ぶのに30分も1時間もかける――ショッピングそのものが"レジャー"だから許されるのだが、シャツを選ぶのが仕事だったらどうするか。サッと決められるよう訓練し、それを実行するだろう。ましてや、明日の株価さえ知る術はないのだから、知的に思えるだけのムダな思考は捨てるべきだ。不安を消すために必死に考えて"やっている感"をかもし出しても、特に意味はないのである。

　前ページの図は同じ銘柄、同じ期間の、ローソク足と終値折れ線チャートだ。多くの読者が、なじみのあるローソク足に軍配を上げるかもしれないが、「情報が多すぎる」「面白すぎる」というネガティブな評価に少しだけ耳を傾けて観察してほしい。

　「安く買う」「高く売る」「トレンドの変わり目を当てる」ことよりも、「大きな流れを感じ取る」「ポジション操作で利益を狙う」ことが相場の王道と定義するほうが、明らかに実用的である。

3-13　場帳

　日足の折れ線チャートとともに値動きを見るのに必須なのが、場帳である。

　図のように終値を数字で書いてあるだけなので、チャートと比べると「不便」「わかりにく」と感じるだろう。だが、その違和感こそが、場帳という道具の利用価値そのものだ。

　チャートというものは、非常に便利だ。だが、便利すぎるのである。

場帳の記入例

	7014 名村造船所				
4/25	870				
26	859				
27	871				
28	832				
5/2	770				
6	768				
9	771				
10	792				
11	808				
12	825				
13	791				
16	677				
17	667				
18	650				
19	656				
20	660				
23	664				
24	646				
25	651				
26	670				
27	672				
30	687				
31	708				

「いろいろと"すぎる"から終値の折れ線チャートを受け入れたのに、あと何が"すぎる"のだ！」と憤慨しないでほしい。当てるための材料探しから遠く離れ、自分だけの決断で出処進退を決める、自分の中にいる自分と対話する、そんな世界を考えているのだ。

マーケットの価格は、参加者の売り買いを個々にぶつけた結果だ。それを便宜的に「日」「週」「月」という任意の期間で区切り、視覚的にとらえやすいような「絵」にしたのがチャートである。

見れば「なるほど上がっている」「急激に上げたあと高止まりしている」といった具合に、値の推移が一目瞭然だ。だから便利なのだが、「絵」としての完成度が高すぎて、創造性を刺激されない。パッと見て、「あ〜なるほどね」で終わってしまうのである。

大切な資産を動かす行為なのに、どこか他人事のようになる、なんだか当事者意識が薄くなってしまうのかもしれない。

昔の質素な遊びでは、極端な場合、石ころ1つで「どうやって遊ぶか」を考えた。対極にあるのは現代のコンピュータゲームで、完成度が高すぎ、子どもたちの想像力を育てないなどといわれる。そのあたりの是非はともかくとして、株価チャート、それも情報の多いチャートを見たときに、受け身の姿勢になる実感は間違いなくある。

パソコン画面に表示させると、この傾向はさらに強まる。

これに対して場帳は、終値が数字で並んでいるだけなので、少ない情報、不便な情報から自分自身で答えをつくり出す必要がある。自然と積極的にならざるを得ないわけで、これこそが他者から押しつけられたものではない、自分のカネを動かすために必要な姿勢ではないか。

私は、相場を教わった時から場帳を使っている。それを理由に賞賛しているのではなく、使っていて心地がいい、迷いそうになる自分を"答え"に導いてくれる——そんな感覚を説明するために長年考え、現時点での結論になっているのが、上記の説明だ。

3-14 日足と場帳の併用

前項と前々項で、同じように「毎日の終値」を「紙に記した」、日足（終値の折れ線）と場帳を説明した。値動きを見る道具のまとめとして、この2つの併用方法を説明しておく。

まず日足チャートを見ることで、感覚的にトレンドをつかむ。

「わからない」というケースも想定していれば自然体に近づき、その中で「よし、こうなるな」という感触がつかめたら、それがトレードの第一歩となる貴重な発想である。とにかく3カ月または6カ月単位の上げ下げを前提に、トレンドを見出すことが目的だ。

　さて、日足を見ながら出動のイメージは固まった。しかし、いざポジションを取ろうとすると決断がつかない。かといって、穴があくほどチャートを見つめても前には進まない。ここで、チャートとともに毎日、終値を書き続けている場帳の出番だ。

　場帳は「絵」として出来上がっていない、つまり完成度の低い状態だから、数字を見ながら想像力が働く。

　人によって異なるはずだが、値動きの背景にいる投資家の気持ち、あるいは、値動きを"生き物"のようにとらえたときの感覚などから、「下げ止まっている」「上がりたがっている」「微妙ながら流れが変わった感じがする」といったこと、カッコよく表現すれば"値動きの息づかい"のようなものを感じ取るのだ。

　感じて自己満足するわけでもないし、それを他人に伝えるわけでもないが、こんなふうに「値動きと自分」だけの世界に入ると、ようやく迷いが消えて決断できる。例えば夕方、場帳に大引値を書き込み、1本描き足したチャートで再確認したら、「よし、明日買おう」と決める。買い始めたあとなら、「さらに買うか、明日は何もしないか」を決める。完全に仕込み終わったあとなら、「持続する」という確固たる決断が「何もしない（売らない）」という行動とイコールだ。

　かなり感覚的なことなので説明すること自体が難しいが、私の言葉を頼りに実践して、場帳の価値を考えてほしい。

3-15 玉帳

　おつき合いで株を保有した、という程度ならいいが、一定の金額を取引口座に入れて売り買いしている、つまり、小規模ながら"事業"と呼べる行動なのに、帳面など全くつけないという人が多い。

　経理処理を放棄してドンブリ勘定でビジネスをしたってうまくいかないのと同じで、良い結果が出るはずはない。競争の激しいマーケットで、カモになるだけである。

　私が運営する林投資研究所では、そのまま「玉帳」という名前で用紙を販売している。本格的な経理の帳簿類とは異なり、たった1枚の紙に、個々の売り買いと受渡金額、個々の損益と月間の損益、口座の現金残高、といったことを一緒に書き込める様式だ。

　書き込んでいっても用紙の端が丸まったり折れたりしないように厚手の紙を使っているし、黒いペンで文字を書いたときに見やすいように罫線は茶色にしてある。

　場帳も同様の紙と罫線の色で、やはりそのまま「場帳」という名前で販売している。父である林輝太郎の代から同じ物を取り扱っており、印刷して小分けにして封入するなど手間がかかるのだが、自分自身も使う道具なので、愛用する人の分と併せて作り続けている。

　場帳の用紙も玉帳の用紙も、実に無骨だ。だが、シンプルかつヘビーデューティーなものが、まさに"プロの道具"なのだと思う。

　玉帳の説明に戻る。1枚の紙に何でもかんでも入れてしまうので、帳面としては超簡易式といえるが、たった1種類の紙でトレードの全

体像が見える点が優れている。第2章で挙げた「トレードの三要素」のうちの2つ、「ポジション操作」と「資金管理」を考えるための道具であり、記入するたびにトレードの流れを見て、"自分の予測が当たっているかどうか"も自然と確認できる。

　株価が活発に動くと興奮し、キビキビと注文を出す自分に酔いしれるようなこともあるが、玉帳にトレード内容を記入して客観的な視点で眺めれば、例えば「ちょっと調子に乗り始めたかも」と、変化に気づくこともある。

　逆に、警戒しているときに、「いや、まだそんなに興奮してはいないな」と気づくことだってある。個人のトレードでは、プレーヤーとしての自分がいて、それを管理する別の自分がいなければならない。

　個人投資家は、決断すれば即行動できるので、素早く大きく利益を出すこともあるが、悪い方向にはまったときは泥沼だ。しかし、玉帳によって、プレーヤーとして売り買いを考えながら、同時に管理者としてトレードの流れをチェックすることが可能になる。

　もっと根本の問題として、玉帳には、自分自身の心構えをつくる役割がある。玉帳を用意するだけで、「自分は大切な資産を動かしているんだ」という意識が生まれ、玉帳の記入によってその意識が常に再認識され、同じレベルで維持される。

　マーケットの値動きは日常生活にない激しさなので、テレビゲームの中で敵を撃つような興奮状態になるから、冷静なポジション操作どころか現実感を喪失してしまうことさえある。

　玉帳の存在は、前述した管理者の役割に加え、経験豊富な相談役、あるいは監査役のような効果も生んでくれるのだ。

3-16 アナログ作業の効果

　株価の先行きを当てたいと思うのが人情だから、つい「当たりそう」な理論に魅力を感じる。例えば、一般的なものでは、移動平均線やRSI（相対力指数）、ボリンジャーバンドといった"指標"がある。それらを基準にすると実にカンタンに儲かりそうだが、誰もが知っている理論を短絡的に使って儲かるならば、私がこの本を書くこともなかったし、読者がこの本を手に取ることもなかったはずだ。

　さまざまな指標は「なるほど」と思える理論を伴うが、問題はそれをどう使うかである。

　トレードの三要素は「予測法」と「ポジション操作法」、そして「資金管理法」だ。しかし、各種の指標や一般的な指標の使い方は、「予測法」の、ほんの一要素に過ぎないということだ。

　相場技術論では、そういった部分的なものにエネルギーを使う姿勢を真っ向から否定する。いや、ピシピシと当たるものがあるなら素直に利用するが、当たったり外れたりするものに期待する意味はない。特に、移動平均線やRSIのように、「現在の株価そのもの」ではない数値の利用を否定的に考える。

　株価以外のものを重視する値動き分析を間接法、株価だけを見て分析することを直接法と分け、直接法のみを認める姿勢だ。

　どちらにしても当たったり外れたりならば、移動平均線もRSIも利用価値はあるということだが、どうにかして「当てよう」と苦心して数字をこねくり回すアプローチには、警戒が必要だ。

株価だけを見て、株価そのものに対する自分自身の想定をもち、実行力や瞬発力で対応しよう、女々しく「当てよう」と考えない、少なくとも、「当てる」ために開発した"ちょっと便利そう"なものに頼るのはいかがなものか——こういう堂々とした態度でいたいと願うのが、相場技術論の世界観なのである。

　日足チャートと場帳を使って近未来の動きを真剣に想像し、スポーツの試合と同じように"感じるまま"にトレードする——これほど力強く、信頼できるものはない。

　何よりも、経験が脳の中に、そして心の中に蓄積されていくから、売り買いという具体的なアクションだけでなく、チャートや場帳を見て「はい、持続」「はい、まだ様子見」と軽く流しただけのことも、未来のための実行力、実践力、能力として残っていくのである。

　理論や機械的な判断も助けとなり得るので、好みのものがあれば取り入れるべきだ。だが、まずは生身の人間の強みを生かすために、積極的なアナログ的作業を軸にしてほしい。そんな"職人の世界"に、一度でもいいから身を置いてみてほしい。

3-17 区切りをつけるという発想

　多くの人が、常に何かしらのポジションを持っている。「今は休んでいる」と言いながら、けっこうな数量の現物株を抱えているものだ。

　儲けるためにトレードし、"勝つ"ことを前提にしているのだから、「チャンスがあったらどんどんやる」ことに問題はない。

だが、「ダメかもしれない」と感じたり、「ダメだ」と確信したポジションを切ることができないから、いわゆる"塩漬け"株が残る。その塩漬けを、あたかも存在しないかのように"別枠"にする心理が働く。だから、たっぷりと抱えているのに「休んでいる」と言ったりするのだ。

　この状態を取り上げて、「ダメだ」「なってない！」と攻撃するつもりはない。実に平均的な個人投資家の姿だからだ。

　しかし、平均的ということは、損しているということだ。勝った人が「もっと」とムリをして負ける、負けた人が「取り返そう」とムリをして傷口を広げる……これが株式市場の構図で、少しずつ退場を余儀なくされる。そんな非情な世界で勝つためには、まず生き残ること。そのためには、「平均的な姿」では全く足りないのである。

　塩漬けをつくらない、そのためには「ダメだ」と思ったときに切ってしまうことだが、この損切りのことは後で述べるとして、ここでは「儲かっても損しても手仕舞いする」という"区切り"の重要性を説明する。

　何度も強調しているように、トレードは時間で考える。上げでも下げでもトレンドが永遠に続くことはないので、そういう「相手の都合」に合わせて行動しなければならない。うねり取りは、限定した銘柄を相手に、3カ月または6カ月の上げ下げで利益を得ようとする手法だから、その3カ月または6カ月の波を逃してはならない。

　6カ月周期の天井を見逃してしまったら、買いポジションを抱えたまま6カ月の下げトレンドを見ていなければならない。誰だってミスをするし、予測は難しいのだから、いわば"ミスの連続"だ。

上げトレンドで買いポジションを持つのなら多少高いところで買ってもなんとかなるし、下げトレンドで売りポジションを取るときも、少しくらいヘタでも利益になる、あるいは小さい損ですむ。
　しかし、うねり取りにおいて、「数ヶ月単位の波」は"絶対"のもので、居過ごしは許されない。海外旅行先で遊びすぎ、帰りの飛行機に間に合わないようなものだ。
　日々の動きに対して上手に行動するなんて、求めないほうがいい。「今日はこうだった」と後講釈する、一般的な市況解説に毒され、視野を狭めて流されてはいけない。もっとおおらかに、3カ月または6カ月の波に神経を集中させ、利食いでも損切りでも、とにかく手仕舞いしなければならないのである。
　多くの人に「株は買って持つもの」という安易なイメージがあるので、そもそも塩漬けをつくりやすい"体質"なのだ。
　株を買う、つまり株で買いポジションを取る理由は、「一時的に買いポジションを取って現金を殖やす」ことである。
　プロは、上げトレンドになると確信があるとき以外は買わない。ポジションがゼロの状態を"ニュートラル"だと認識し、「儲け損なう」「損してしまう」などと言うことはない。迷ったらポジションを減らすし、迷った状態で積極的な行動に出ることはない。手仕舞いしてゼロをつくることが、常に頭の中にあるのだ。
　山に登るときは、無事に下山することがゴールで、それを片時も忘れずに行動する。仕事に出かけても、夜は家に帰る。少しでも塩漬けがある人は、厳しく言えば「行方不明者」である。

第4章

うねり取り
実践のポイント

個人投資家の最大の武器は、「自由」である。

　投資信託のファンドマネージャーは、組織が計画した通りにポジションをつくらなければならない。「今はオレの相場じゃない！」なんて職人気質の言葉を吐くわけにはいかないのだ。

　もっと自由度の高いプロ、例えば「どんなやり方でもいいよ」と言われる証券ディーラーでも、個人投資家ほどの自由はない。

　年の後半に"取れる"相場が来ると読んで「前半は休みたい」なんて、絶対に許されない。休んでいるうちに、机がなくなってしまう。

　あらためて述べる。個人投資家は、真に自由なのだ。

　それなのに、周囲の雑多な情報に翻弄され、不自由な行動パターンを繰り返し、塩漬け株を抱えて不自由な日々を過ごしている個人投資家が本当に多い。

　一匹狼のプロ、何のしがらみもない自由人がたどり着いた「うねり取り」の考え方を、まっすぐな気持ちで受け止めてほしい。

　知識がなくても経験が乏しくても、そんなことは関係なく、損をしたら誰も同情してくれない。

　でも、儲かったカネを取られてしまうことはない――すべて自己責任で行動する個人投資家は、最悪の状態を避けるよう注意する義務もある半面、素晴らしい未来を想像してワクワクする自由をもっている。

　真に自由な領域、自立したマーケット参加者のステージ、うねり取りの世界へようこそ！

4-01 上げ相場の難しさ

　信用取引、特にカラ売りはコワいけど、現物なら安全――。

　多くの人が、こういう認識をもっているが、たとえ現物の買いであっても大損する可能性はある。

　2010年には、国営と呼んでもおかしくない存在の日本航空（JAL）が会社更生手続きを申し立て、株の価値はゼロになった。企業再生支援機構のサポートで再生され、現在は業績も安定しているが、金融機関は5,000億円に上る債権を放棄し（債権放棄割合は87.5％）、元々の株主は投資した全額を失ったのである。

　同様に、実質的に準国営で、「手堅く」「営業損など出るはずのない構造の企業」だった東京電力は、2011年3月に起きた東日本大震災による津波で福島原発が事故を起こし、株価は大暴落した。

　カラ売りで持ち上げられたら青天井というが、例えば小型の銘柄が買い上げられた状況で、対立するように勝負を挑むから"カラ売りの恐怖"が生まれるだけである。自由意思で銘柄を選び、日々の株価を見ながら自由意思で対応するかぎり、現物買いと信用売りのリスクは等しいと考えるべきだ。

　第3章で説明した「塩漬け」が、最も恐ろしい。安全な気がするだけで、実は大切な資金を寝かしながらリスクにさらし、チャンスをつぶしているからだ。「現物なら安全」とは、銘柄を勧めた証券会社が、顧客に先送りを受け入れさせるときの"セールストーク"だ。

「証券会社が悪の存在だ」などという否定論ではなく、単なる構造上のことで、証券会社と投資家は同じ社会（コミュニティ）に共存・共栄するのだが、究極は"やる側"と"やらせる側"としての対立関係にあるという認識が重要だ。

このように、ものごとの本質を考えたい。うねり取りを実践するプレーヤーは、混沌としたマーケットの中で堂々と自立する存在である。誤った認識、与えられてうっかり"受け入れて"しまったジョーシキを、自分の力で修正しながら前に進みたいのだ。

もちろん、守りを固めるために「最悪の事態を想定する」ことだが、突発的な事件だけでなく、うねり取りで狙う通常の上げ下げについて、上げ相場で買うことと下げ相場でカラ売りすることを比較するのが、この項の目的だ。

実は、「カラ売りのほうがやさしい」という実践者の常識がある。上げ相場は、人気量の増加によるものだから、その増加の速度が落ちると上がらなくなり、そのあとは自然に株価が下がってしまう。

引力に逆らって物を持ち上げたあと、その力を抜けば、物は床に落ちてしまうのと同じである。買い方の増加で株価が上がり、買い方の増加が鈍ることで下がるのが相場というものだ。

つまり、下げ相場は売り方（カラ売り筋）が引き起こす動きではないということだ。実践者としては、上げ相場には「いつ終わるかわからない」という恐ろしさがある、と考えるべきだ。

逆に下げ相場は、いったん持ち上げられた株価が引力に引っ張られるように"定位置"に戻っていく動きだ。ひとたび下げ始めると、一時的な急反発をみせる場面があるものの、上げ相場を望む多くの人の

意思に反してダラダラと長く続く。

　カラ売りの仕掛けは高値圏の荒い動きの中で行うから、スタートの難しさはある。だが、いったん下げトレンドに乗ってしまえば、上げ相場のように「いつ終わるか」と警戒する必要はないのだ。

　これが、世間のジョーシキに反する、実践者の常識である。

　儲けることを想像するがゆえに、盲点が生まれたり、誤った考え方をうっかり受け入れてしまうが、マーケットと少しだけ距離をおいて考えてみると、いろいろな観点に気づく。

　最後は「売り」と「買い」を実行するだけなのだが、プレーヤーの自分を、自分自身で管理して誘導するためには、「なぜ値動きが起こるのか」というような、傍観者、研究者の視点も重要だ。

4-02 瞬発力の勝負

　見出しからは、デイトレードなど超短期の売買を想像してしまうかもしれないが、そうではない。3カ月または6カ月の波を見るのだから、多くの人が考えている以上にのんびりとした時間軸だ。そんな時間の流れの中にある、プレーヤーの「瞬発力」を考えたい。

　実際の売買では、丁寧な分割売買を行いながらも、「いいのかな」「大丈夫かな」と慎重に進む。

　だから、頭の中は意外と忙しい。やたらと手数が多くて落ち着きのないトレードは好ましくないが、フリーズせずに後悔のない決断を連続させることが求められるからだ。

やさしい銘柄を選んでやさしく着実に利益を得ようというのが「うねり取り」だが、銘柄を限定して手がけている以上は、3カ月または6カ月の波を見逃したり、ポジションを持ったまま天井や底の時期を居過ごしてはいけない。

　この点では、トレードに生活をかけているプロトレーダー、一匹狼の職人としてのシゴトを再現しようと努めるべきだ。「アマチュアだからいいや」などとつぶやいても、自らカモになって大切なカネが減るだけだ。

　アマチュアにはアマチュアの戦い方があり、それを最もラクに実現する手法のひとつが「うねり取り」だが、誰かが助けてくれるわけではない。独りで戦うトレーダーとして、高い意識をもってほしい。

　今日買って明日売るトレードを目指して参加すると、それこそ海千山千の人たちとの真っ向勝負になるから、そんなことは勧めない。

　しかし、朝9時に買ったものを9時5分に売ることだって許される、そういう自由が与えられているから、大切なカネを値動きの激しい株というものに投じることができるのである。

　今この瞬間に全部を手仕舞いしてもいい──こんな選択肢が常にある状態、いつでも行動できる瞬発力をそなえてほしい。すると、「様子見だ」などとダメな状況を先送りしなくなる。

　持っているポジションをそのままにするのは、「もしポジションがゼロだったら、今この瞬間に同じポジションをつくってもいい」という確固たる意思があるからだ、そこまで考えてポジションを減らさずに値動きを注視するんだ、というのがプロの思考だ。

　こうして「維持」を決断するのも、瞬発力だと考える。

4-03 インプットとアウトプット

　現代は情報過多だといわれる。テレビがどんどん普及した時代にも、外部から次々と大量の情報がなだれ込んでくる状況を問題視する声があったようだが、インターネットの普及によってさらに加速し、整理する時間を与えられないほど、情報の量とスピードが増した。

　だが情報の収集が悪いというのは、いささか短絡的な見解ではないか。オギャーと生まれたときから自分の考えを持っている人はいない。どんな人でも、外部からの情報を基に自己形成を行ってきたはずだ。著名な芸術家だって、最初は先人たちの模倣から始め、次第に自分自身のものをつくり上げていったにちがいない。

　トレードの世界は、インターネットが普及するずっと以前から、ある意味、情報過多だった。しかし情報は独りで歩いてくることなどないので、実は情報過多なのではなく、情報をインプットする本人の姿勢が過剰な情報を招くのである。

　端的にはカネがほしいのだが、つい「何を買えばいいの？」「どれが上がるの？」とばかりに急いでしまう。株式市場にはそんな人が多い、つまり情報の需要が高いから、業界はそれに対応する。

　証券会社の人間だって、本音では「もっと落ち着いて……」と言いたい。だが、それを口にしたら、情報を求める投資家は「なにネムたいことを言ってるの？」と他社に移ってしまうから、良い結果が出るように努めながら興味を引く情報を提供するのが限界だ。

　情報全体が「今すぐ儲かる」に傾き、投資家も同じ意識をもって受

け取るから、二重に方向性がゆがむ。

　読者も、そして私も、できればすぐに儲けたい、可能ならばラクして儲けたいと思う。それはそれとして、前進するエネルギーにはつながる。だが、誤った方向に進むのがこわい。前進するエネルギーは、方向を決めてはくれない。視野を広く保ち、落ち着いて考える姿勢が"方向舵"である。

　「この銘柄が上がります」なんて情報には、何の価値もない。

　例えば、現在値が300円の銘柄があるとする。なぜ300円という値段がついているか――真剣に「300円で売りだ」と考えている人がいる一方で、「300円で買いだ」と確信している人が存在している、両者のバランスが取れているから現在300円なのだ。多くの人が求める"秘密"が入り込む余地はないのだ。

　その銘柄（企業）の好材料を調べればいくらでも出てくるし、悪材料を求めれば、やはり嫌というほど出てくる。市況解説を書く経済記者は、その時々の狙いによって開ける引き出しを変えているだけだ。

　こういった原則を十分に理解したうえで、情報処理のポイントとすべきキーワードは、「アウトプット」である。

　脳科学者の茂木健一郎氏も著書で、現代の情報過多に警戒しろというメッセージを発している。インプットが多すぎるから、アウトプットを増やせ、と。そして、その先の説明にハッとした記憶がある。

　茂木氏は、情報を手に入れることだけでなく、手に入れた情報を「頭の中で考える」こともインプットだと説明していた。情報をゲットして必死に考える……これで十分だと思いがちだが、茂木氏は著書で、しっかりアウトプットせよと述べていた。

塾の勉強でも、自己啓発的なセミナーでも、アウトプットを大切にしていると思う。林投資研究所の理念を読みやすくまとめたオリジナル書籍『相場技法抜粋』（林輝太郎著）の第1項は、「勉強のノートを作ろう」という見出しだ。「学校で教わっておきながら、実社会に出ると実行しないが、断片的な情報をまとめるためにノートが果たす役割は大きい」と書かれている。

　相場の本を読み、その内容を誰かに話すのもアウトプットだ。だが、多くの投資家は、議論の相手を見つけるのに苦労する。手法を考えて深い話をしようとしても、「何が上がるか教えてよ」などと期待外れのボールが返ってくるのがオチだ。

　ノートを作り、考えたこと、疑問に感じたこと、本でもインターネットでも入手した情報を整理して書き留めると面白い。文字にする過程で相当に整理され、独自のアイデアに変化する。

　その文字を見て考え（インプット）、その続きを書くこと（アウトプット）で、情報は浄化され、進化する。こうして、完全にオリジナルの"自分流"が出来上がっていくはずだ。

4-04 売りと買いで売買

　何度も触れた「塩漬け」をつくってしまう原因は、誰もが共通してもっている心の弱さだと思う。しかし、何か特別なことをして「強い心をもとう」などと提案するつもりはない。必死なこと、ムリな行動は続かないからだ。

実際に儲けている人やプロトレーダーたちを見て、「心が強い」と感じたことなどない。彼らが守っているのは、「仕掛けたポジションは必ずどこかで手仕舞う」という、とても当たり前のイメージをキープすることだけだ。

　計画が甘いまま「とりあえず買ってみる」なんて御法度。トレードは、カネを殖やすためにポジションを取る行為だから、儲かろうが損しようが手仕舞いする。

　山登りの最後は「下山」だから、そのルートを計画しておくことが絶対、という当然のことを頭の中で再現するだけなのだ。

　この認識がちょっとでも不足すると、「休むことができる」という個人投資家の最大の武器を捨てて、ダラダラとポジションを持ち続けてしまう。手仕舞うときに優柔不断になってしまうのは、人間に共通の傾向だろう。

　だから「休み」と同様に、単純に「仕掛けたら手仕舞いするんだ」ということを常に自分に再インプットするように心がけてほしい。

　こう考えるだけで、トレードの質は大きく変わる。「まずい」と思ったときの撤退は素早くなるし、「時間よ戻れ」などとグズグズした考えも生まれにくくなる。見込み通りに動いたときの勝ち逃げは鮮やかになり、その後の動きを見てタラレバを言うことなく、前向きな気持ちで次のトレードを考えることができる。

　仕掛ける際に引き際を意識するから、ポジションを自分自身の意思でコントロールする心構えが生まれるのだ。

　売買とは、文字通り、売りと買いのセットである。売っただけ、買っただけでは「売買」とは呼べない。糸の切れたタコである。

4-05 分割が必須

「当てよう」と躍起になっても結果は出ない。だから流れについていく――。「トレンドを考えろ」と説明しているが、そのトレンドが完全に終わらないかぎり、はっきりと確認できないのが現実だ。

「いま上げトレンドかどうか」は、実際に上がって天井を打ち、再び下げてしまうまでわからないのだ。だから「上げトレンドに移ったかもしれない」「そろそろ上げトレンドになるだろう」という推測で出動するのが、現実のトレードだ。

予測というのは上記のような推測であり、行動を開始するきっかけ、個人的な「仮説」にすぎない。だから、当てようとしないで流れについていこうという考え方が、現実的で実践的なのだ。

では、どうやってついていくのか。第1章でも述べた、「一点狙い」を避け、「分割してポジションをつくっていく」のである。

例えば5,000株買う場合に、ジッと動きを見ながら、最安値を狙って「5,000株買った！」というのはダメ、ということだ。一発勝負で一喜一憂するのも楽しいかもしれないが、結果をマネジメントする売買、シゴトとしてのトレードとはほど遠い。

新規に仕掛ける段階では、その銘柄の現在の動きにかかわりが浅い状態だ。必死に観察して考えたって、遠い存在なのだ。「どうだろう。この見込みでいいのかな？」と探っていく必要がある。

だから、まずは1,000株買ってみるのがスタートだ。わずか1,000株でもポジションを持てば、現実に損益が生じる状態に移行する。当

事者意識が高まると同時に、値動きの"感じ"を受け止められる状態になる。ポジションなしで考えているだけのときとは、別世界だ。

「見込み通りのようだ」と思ったら、それから数量を増やしていく。例えば、さらに2,000株を買う。合計3,000株になったところで、再び「このまま進んでいいかな？」と考える。日々の値動き、自分が建てたポジションから受ける印象で自分の答えを出す、確固たる気持ちで"次の一手"を決めるのだ。

「よし、いける」と思えば、最後の2,000株を買って合計5,000株にして仕込みは完了する。

そんなことはまどろっこしいという人もいるが、たとえ異性に一目ぼれしたとしても、その日のうちにプロポーズすることはないだろうし、どんなものでも少しずつ、状況を確認しながら進むものだ。

食べ物だって試食する、洋服だって試着するのだから、大切な資産を運用するシゴトで、これくらいの手間をかけるのは当然である。

それに、例えば300万円でトレードを開始したとしても、資金が殖えないまま300万円で取ったり取られたりを続けるなんてことが終着点ではないだろう。

資金が殖え、例えば1億円になるというのがゴール（目標）ならば、300万円で5,000株のトレードが、将来的に1億円で16万株のトレードに育った状態を視野に入れておくべきだ。

1億円の運用をしながら16万株を一発で仕掛けるなんて、あまりに乱暴で雑といえる。資金が1億円になってからも通用する基本を最初に確立しておくために、資金が少ないうちから丁寧なトレードを心がけたい。

FX取引では、数万円の資金を口座に入れ、競馬やパチンコで遊ぶような感覚でトレードする人がいる。

　「負けても、また気が向いたときに、こづかいから同額を入れればいいよ」という発想だが、こういうやり方は自由闊達とか思い切りがいいなどと評価したくはない。ダメなトレードのクセがつくだけだ。

　予測を当てるのではなく、流れについていく。そのためには分割売買が必須で、技法の第一歩なのである。

4-06 練習の方法

　いくら頭で理解しても、実際にやってみないとわからないことは多い。コーヒーの味について「にがい」とか「香ばしい」と説明しても、飲んでみないと"どんな味か"を知ることはできない。

　うねり取り、プロの売買を実践する第一歩としては、あえて分割を使わずに、最低単位での単発トレードをするべきだ。

　1,000株単位の銘柄ならば、1,000株買い→1,000株手仕舞い売り、あるいは、1,000株カラ売り→1,000株買い戻し、という単純なトレードで区切りをつける練習である。

　現物で買えばいつまでも持ち続けることができるが、ポジションを取るのは現金を殖やすための手段なのだから、ポジションを放置せずに必ず区切りをつけなければならない。

　こんなふうに単発のトレードを何回か行ったら、すぐに分割の練習に進むことを勧めたい。

依然として練習段階だが、チマチマとしたこづかい銭のトレードにとどまらず、資産運用のトレードを目指すのだから、ある程度大きな資金を動かす最終的な状態を想定しないと練習にならない。

それでも、練習の段階ではあまりハードルを上げず、「1,000株買い、1,000株買い」あるいは「1,000株カラ売り、1,000株カラ売り」という単純な２分割の仕掛けが基本である。

トレードのサイズ、つまり売買する数量が増えれば、分割の回数も増えていく。だが３回の分割をしただけでも意外と複雑で混乱する。準備の段階として、この２分割をしばらく続けることが大切だ。

いきなり大きな資金を動かすと必ずケガをする。心の底から「つまらない」と思うかもしれないが、２分割の練習を半年か１年か、辛抱強く続けてほしい。

練習売買の大切なポイントを、２つ挙げておきたい。

１つめは、真剣にやること。数量を極力抑えた練習とはいえ、実際に資金を動かしてポジションを取るのだから、FX取引で遊ぶような感覚になってはいけない。場帳やチャートを凝視しても先行きがわかるようにはならないが、真剣に想定し、"確信"がもてるときに出動する（仕掛ける）。そして、必ず手仕舞いする。ダメだったら早めに切る、練習だから常に少し早めに手仕舞いしていい。

この真剣さを生むのが、「口座の設定」である。

例えば、1,000万円の資金を予定しているが、練習売買で使うのは50万円だとしよう。ここで、練習のために50万円だけ取引口座に入れる、というのは感心しない。予定している1,000万円を取引口座に移し、「自分は1,000万円の運用をスタートしたんだ」と自分に言い

聞かせて50万円の練習売買を行うのがオススメだ。

　意識は1,000万円、実際は50万円だから緊張が少なくてすむ、塩漬けばかりの人を横目に"ゆとり"のある売買の心地よさを味わうので、一石二鳥ならぬ一石三鳥の練習が実現する。

　練習＝いいかげん、ではダメだ。

4-07 試し玉と本玉

　「分割が必須」という項で、まずは最小単位の1,000株を予測した方向に建てる、と説明した。この1,000株を、「試し玉」と呼ぶ。敵情を知るために出す斥候、つまり偵察隊のようなもので、「探りの玉」という言い方もある。まさに、値動きを手探りで確かめるためのポジションだ。

　選定した銘柄の値動きを追いながら自分の予測を確立し、ポジションがゼロの状態で予測をさらに鮮明な値動きイメージに変える。徐々に臨場感が湧くが、どうしたって"絵に描いたような成功""ウハウハの利益"といった、現実感のない空想に傾きやすい。

　だから、未だかかわりの浅い相手（選んだ銘柄）に何らかのかかわりをつくり、値動きから受ける"感じ"をホンモノにしたいわけだ。それが、試し玉の役割である。

　「よし、上がるな」と感じ、「そろそろ出動だ」と決断しても、具体的なタイミングを決めるのは難しい。それに「最安値で買う」とか「最高値で売る」という"一点狙い"は非現実的だ。

そこで、試し玉という技を使う。試しとして「まずは1,000株」ならば、小さなきっかけで建てることができる。その試し玉を利用し、「このまま予測した方向に向かってくれるか」という観点で値の推移を見守りながら、本格的にポジションを取っていくかどうかの最終決断をするのである。

もちろん、「最終決断後に撤退してはいけない」などというルールはないし、試し玉だって損益が発生する現実のポジションだが、予測を当てるのが難しいから「流れについていく」、そのために、あえて自分の中で「試し玉」という存在を設定するのだ。

最初に建てる試し玉（偵察隊）、その後に本格出動する本玉（ほんぎょく、本隊）と分けて考えると、自分で自分の行動をコントロールしやすくなる。

2回目以降の本玉を入れ始めたあとも、「本玉のスタート」「本玉の中盤」といった明確なイメージをもつようになり、進むか撤退するかを柔軟に考える姿勢が生まれる。

4-08 試し玉は売り買いが逆でもいい

狙っている銘柄が下がってきて、200円前後で往来していたとする。そして、「ここが底で、そろそろ上がる」と予測したと仮定しよう。

まずは1,000株買ってみる。試し玉だ。

試し玉によって臨場感が高まり、値動きを受け止める感覚が敏感になる。「いよいよ始まった」と真剣になる。

試しに建てるのだから、上がると思ったら少ない数量を買ってみるのがふつうだ。だが、あえて逆の「売りポジション」を試し玉にする人もいるのだ。

　「上がるだろう」と予測したら、それが当たってほしいと考えるのが人情だ。自分の予測に固執する愚を避けるための試し玉だが、たとえわずかな数量でも、「当たってほしい」という心理はゼロではない。だから、わざと1,000株カラ売りしてみるのである。

　「今が底だろう」「上がると思う」「買いだ！」と考えている銘柄にカラ売り玉を建て、そのカラ売り玉を持っていることで"イヤな感じ"がしたら、それこそ自分の見込みは正しいとの確証が得られる。

　前にも述べたように、個人投資家は自由だ。その自由を、有意義に使わなくてはいけない。試し玉の利用もそうだし、試し玉を売り買い逆にするのもそうだ。

　本業が忙しかったら、売買を休んでもいい（休むべきだ）。自由であるがゆえに、「勝負！」なんてムチャをやる人が多いが、一発で大きくへこんだら取り戻すのにひと苦労する。資金の大半を失ったら、マーケットから退場しなければならない。

　自由気ままなどというが、責任ある立場なのである。最後の決め手となる人間の感覚や感情、それらの偏りという現実を大切にした実践論をまっすぐに活用するべきだ。

　ちなみに、両建てからスタートする人もいる。とりあえず、例えば1,000株ずつ売りと買いを建てるのだ。そして、その後の動きに合わせてポジションを操作していくということだが、私は個人的に賛成しにくい。

予測の当たり外れは五分五分、買い戦略の試し玉がカラ売りという方法もあるのだから両建てもいいじゃないか……こう反論されるかもしれないが、五分五分だからこそ"確信"をもってスタートしたい、見込み違いは仕方がないので「経費」を支払うつもりで損切りする、こういう明確な気持ちが重要だと考えるのだ。

4-09 シゴトとしての売買と経費の損

前項で示した、「経費」について考える。

ある日、私の娘が「株をやってみようかなぁ」とつぶやいた。そして、「でも、損するのはイヤだ」と続けた。すかさず私は、「やらないほうがいい」と答えた。

「相場は損をするもの」と表現したら語弊があるが、「全戦全勝を狙うものではない」と考えるのが常識だ。こう説明すると、多くの人はうなずく。だが、「全戦全勝でなくても、上手な人は7～8割勝つんでしょ？」と言う。

実際には、もっと負けが多いと考えてほしい。

「上か下か」で当たる確率を考えると、50％である。しかし、上がると予測して買ったところ、下がることはなかったが上がらなかった、あるいは2割は上がると考えたのに数％しか上がらなかった……これらの結果も「当たり」とはいえない。

トレードは「時間」が問題だから、「3カ月以内に2割上がる」と予測して動きがなかったら、損はないものの「勝ちではない」と判

定せざるを得ない。こう計算すると、予測が当たる確率は３分の１、33.3％にすぎない。これが現実だ。

　実際、トレード実践者の肌感覚を聞くと、「予測の的中率？　３割か４割だろうね」と答える人がけっこういる。

　その程度の確率で、どうやって利益を出すのか──。負けたときの値幅または数量が少なく、買ったときの値幅または数量が大きければ、予測の的中率が５割を下回ってもトータルはプラスになる。詳しくは第６章で説明するが、「損小利大（そんしょうりだい）」という考え方だ。

　繰り返すが、明日の価格さえ誰にもわからない状態で競争するのが、金融マーケットだ。予測をピシピシ当てるには、タイムマシンを開発する以外に方法がないのである。

　損するのは絶対にイヤだ──こう考えてトレードをスタートするとどうなるか。

　上がると思って現物を買った、上がらない、「現物だから」と放置する（問題の先送り）……突然上げ始めるかもしれないが、さらに下がる可能性があり、少なくとも、貴重な資金を寝かせたまま相当な期間をムダにする。街の商店にたとえるなら、店の棚も倉庫も売れない不良在庫ばかりで、新たに商品を仕入れる資金がない状態だ。

　下がると思ってカラ売りしたら、意に反して上がる、「ここでやめたら負けが確定」とガマンする……どんどん上がり、追い詰められて大幅な損切りを余儀なくされる。

　設備投資も人手も不要なのが、金融取引だ。売買手数料なども経費だが、最大の経費は見込み違いによる損失である。これを小さい金額に抑え、なおかつ時間もかけない、これがプロの思考である。

4-10 損切りは試し玉の段階で

　損小利大と聞くと、「とにかくデッカく儲けるんだな」と考える人がいるだろう。取れるときには取る、これは正しいが、そうそう期待通りに大幅な利益を得る機会は少ない。だから、基本としては、損を抑えることに徹するのだ。

　落ち込むほどの連敗で大負けした、これが最後と覚悟を決めて勝負に出てガツンと大勝ち——こんなストーリーは、映画、ドラマ、マンガの世界だけのこと。読者自身が携わっている仕事のことを考えてほしい。ドラマ化して面白いようなエピソードなど皆無、淡々とした日常が静かに流れているものだろう。

　値動きだけを見ると極端な世界に感じられるが、シゴトとして取り組んだ結果の「損益」は、実に地味なものなのだ。地味な利益をコツコツと積み重ねていくしかない。

　そのためには、大きく負けないこと。地味に頑張って、経費を抑えるべく丁寧に行動するのである。

　とにかく、負けトレードの経費支出を抑制する、そのための試し玉なのだ。「あれっ、見込み違いかな」と思ったら、数量が少ないうちに切ってしまい、潔く出直す。この選択肢があれば、まず当初の予測に固執しない。

　雨は降らないと考えてカサを持たずに出かけたら降られてしまい、ズブ濡れのまま歩いている……そんな人はいないが、株式市場にはたくさんいるのだ。そういう人たちと決別しなければならない。

それを実現する"カタチ"に、自分の身を置いてみてほしい。

　試し玉からスタートし、状況を見ながら増し玉を検討する。いつでも全面撤退する覚悟がある一方で、「乗れた」と判断したら、粘り腰で利を伸ばす。こういった、メリハリのあるトレードのために、自分自身の行動はすべて計画的に進めるのだ。

　試し玉の説明として、「試食」や「試着」を例に出した（この章の「05．分割が必須」）。試食してイメージ通りでなかった、試着したら似合わなかった……それだけで、「時間をムダにした」と地団駄を踏む人もいないだろう。トレードだって同じこと。日常生活にある当たり前のことを当てはめれば、トレードにおける"正解"にたどり着く。遠回りしたり、進む方向を誤るのは、受け身の姿勢でちまたの情報をうのみにするからである。

4-11　利食いと損切り、どちらが難しい？

　トレードは、仕掛けと手仕舞いで完結する。今風に表現すると、エントリーとイグジットだ。

　1ラウンドを終了させる手仕舞いを意識して仕掛けろ、と述べた。下山まできっちりと計画してから山に入らないと、命の危険があると。この手仕舞いについて、あらためて「瞬発力」をテーマに、リアルな想像をしてみよう。

　仕掛けたあと、思惑通りの動きでも、思惑に反する動きでも、自らの決断で手仕舞いすることが求められる。何の制約もない、自由な立

場だからである。この点は個人投資家の最大の武器と説明したが、裏を返せば最大の悩みでもある。ねばるべき場面で撤退したら後悔する、しかし手仕舞う機を逸したら、やはり後悔する……。

　多くの個人投資家が、「損切りが難しい」と言う。本当だろうか？

　私は、利食い手仕舞いのほうが難しいと思う。以下に私の説を披露するので、疑いながら読んでほしい。

　損切りは、「ダメだ」と判断したときに行うこと。ダメなのだから、そのポジションを維持する理由はない。ただ切るだけである。

　結論は明確であり、行動指針にもブレる余地は一切ない。カンタンなのである。ただし、感情がジャマをする。「いま切ると負けが確定するんだぞ」という声が、どこからとなく聞こえてくる。でも、自分が言っているだけだから、試し玉をはじめとする工夫、計画的なトレードの遂行で解決するのだ。

　逆に、利食い手仕舞いでは、大いに悩む。いや、生じてはいけない「迷い」で動けなくなる。わかりやすく、買い戦略で説明しよう。

　上がると思って買ったら、見事に上昇した。一定の値幅が取れているから、いつ売っても利益という状態にある。

　しかし、上昇して人気が盛り上がってきたのだから、ちょっとモタついたあと驚くような上伸をみせるかもしれないし、材料があと押ししてストップ高を演じるかもしれない。いずれにしても、やや高値圏に到達しているから、1日か2日の差で利益が大幅に増える可能性を秘めている。

　さて、こんな状況のほうが、「これは失敗だ。ダメ玉と化した」との状態よりも離脱がやさしいと感じるだろうか。

利が乗っているポジションの手仕舞いは、いわば"最高に仲良しの恋人とクリスマス前に別れる"ようなものだ。

自分の優秀さを証明してくれているポジション、ワクワク感が満載の素晴らしいポジションなのに、自ら別れを告げる行為には、大きな抵抗を感じるのではないか。

トレードの本質を考えるために深い話をしたが、こういったことをじっくりと考えることで、実践者としての"幅"が生まれると思う。だが、実践においては、利食いと損切りのどちらが難しいかなど問題ではない。いずれにしても、必ず手仕舞うのである。自分の意思、自分独自の決断によって。

4-12 手仕舞いは素早く

単発の練習以外は分割による仕掛けが大原則だが、手仕舞いは一括、あるいは回数の少ない分割が望ましい。わりとアッサリと手を引く、ということだ。

損小利大の「利大」のために、うまく波に乗れたら、一定のねばりを実行したい。良いポジションが、良い方向に動いているうちは、利を伸ばすためにも慌てて手仕舞いしたくない。だが、手仕舞い時期だと決断したあとは、素早く行動すべきだ。前項と同じように「瞬発力」をテーマに考えてもいいが、別の意味もある。

仕掛けるときは、その銘柄の、そのときの動きに「かかわりが浅い」状態だが、手仕舞うときには「深くかかわっている」状態だ。

そして、利食いでも損切りでも、"ニュートラル"な現金ポジションに戻るための単なる撤退だから、スパッと決断して潔く区切りをつけたい。これが、基本となるイメージである。

　一般投資家と株のセンセイが繰り広げる質疑応答でありがちなのは、「持ち株が上昇しましたが、利食いのタイミングに迷っています」という質問に対して、「半分だけ売っておきましょう」とか「3分の1を残して利益を確保しましょう」なんて答えているものだ。

　センセイのアドバイスを聞いた質問者は、「なるほど！」と納得するのだが、サイアクの問答としか思えない。

　たしかに手仕舞いは難しい。前項で述べた通りだ。だからといって、グズグズとした態度で他人の意見を聞く、それも、トレードのエントリー前に相談するならいいが、最後の仕上げの段階で突然、他人の意見を入れようとするなんて……ちゃんとした"先生"の最高に的確な答えは、「いまごろ聞くな。自分で考えなさい」だろう。

　上記の問答は、ただ感情にまかせて先送りしたい投資家がいて、実は手仕舞いするべきだと考えている状況だと理解したセンセイが、"半先送り"を提案しただけのこと。ある意味、とても優しいセンセイだが、感心はできない。実践者の間では、「無策なイモ筋」と呼ばれる対応である。

　つけ加えておくが、最初からそういうポジション操作の有効性を確認して戦略を立てているのなら問題はない。迷った結果として半分だけ手仕舞いという部分が、ツッコミどころなのである。

　トレード全体を計画的に進めていかないと、たとえ立派なオトナであっても「誰か先行きを教えてくれ！」というように思考停止の他力

第4章　うねり取り実践のポイント　149

本願に陥りやすい。行き当たりばったりだけは避けなければいけないし、1回でもやってしまうと2回、3回とやってクセになるから要注意だ。

実際、かなり多くの個人投資家が、区切りをつけることができずに塩漬け株を抱えている。

「片づけなくっちゃ」と思いながら、暗い気分の毎日を過ごしているのだ。こんな出口のない迷路に迷い込まないように、引き際を明確にしてからポジションを取るべきだ。

たまにダラダラと酒を飲んで朝帰りをするくらいなら笑えるが、トレードで同じことをやらかすと悲劇である。飲み始めたら止まらない、そんなバカな酔っ払いは痛い目に遭うしかない。

4-13 慣れることの有利さ

「どの銘柄がいいの？」という質問は、多くの場面で登場する。

単に安っぽい"銘柄発掘"のイメージもあるが、「いろいろな銘柄を手がけたい」という自然な欲求が誰にでもあると思う。

いつも同じ服を着て、同じ時間の電車に乗る……こんな行動パターンを是とする人もいるが、変化をつけることに楽しみがあるのだし、なによりも「変化がなければいけない」といった観念が根強い。

だが、プロフェッショナルな仕事をするのなら、浮ついた変化は否定しなければならない。必要な変化に抵抗を感じてはいけないが、基本的には守備範囲を"絞り込む"発想を大切にしたいのだ。

商店街の魚屋は、来る日も来る日も魚を仕入れて売っているから、プロとしての技術を維持し、その価値を認める人が魚を買いに来るのだ。といって、白バイ隊員が休日に自分のオートバイでツーリングに出かけるみたいな"熱狂"が必要ということではない。

　むしろ、冷めた感覚で、淡々と売り買いする姿が望ましいのではないか。株価変動には、日常生活にない激しさがあるからだ。

　その一部分しか取れないのが現実とはいえ、過去のチャートを見ても、今現在の値動きを観察しても、必要以上に気持ちが高ぶるものだ。そんな中に身を置きながら、自らの感情の振れは最小限に抑えたいのである。

　さて、守備範囲を絞るとは、どういうことか。単純に考えてほしい。「やり方」を絞るのがひとつ、もうひとつは「銘柄」を絞ることだ。

　やり方を絞るのは、「魚屋」を続けるということだ。いろいろな種類の魚を扱うが、市場で仕入れて主婦に小売りする、これに徹するということ。

　銘柄を絞るのは、強いていえば「マグロ」だけを扱うことだろうか。切り身を小売りしたり、飲食店に卸したりと幅広く活動するが、何があってもマグロだけ、ということ。

　常に広い範囲を見ていないと不安だというのが、多くの人の心理だろう。だが、キョロキョロと銘柄探しをして、自らドツボにはまる人が大勢いるのだ。そういう参加者の手によって生まれた価格変動を利用して儲けようとするのだから、どっしりと落ち着いていたい。

　上げ相場と読んでジッと買いポジションを持っていたが、伸びなくなったので短期売買に切りかえる……こういう器用なことをやろうと

しても、みな失敗する。数カ月ごとに職業をかえて、ちゃんとした仕事ができるだろうか。

　では、どうするか——。自分のやり方で取れなくなったら、休むのである。個人投資家に与えられた最大の武器、"休む権利"をフル活用すればいい。

　毎月の成績を求められる契約ディーラーではないのだから、年に数回のチャンスで着実に取るようにすればいい。難しい値動きに挑む必要もないし、個人的な都合で売買を控えてもいいのだ。

　1年間休んで「来年頑張ろう」という態度だって許されるのだから、ムリして大きな損をするよりは、利益の可能性を捨ててでも、ブレが生じない状態で傍観しているほうが先々の利益につながる。

　こうした自由がある分、売り買いの行動そのものはストイックにしよう。ガマンするのではなく、「それが美しい」くらいのイメージで納得して道を選びたい。

　繰り返すが、マーケット参加者の多くが「価格を動かす」側だと考え、「価格変動を利用する」側に立つためには、絞り込むことによる落ち着いた姿勢、プロフェッショナルな取り組み方で、「慣れ」による有利さを享受したい。

　うねり取りは、やり方を絞るうえに、銘柄も絞る。極端な場合は、たった1銘柄を見ていればいい。

　多くの人が「価格を動かす」役割を演じ、少しずつ消えていく。そこで生き残れば勝ち組、年に1回、小幅の利益を得るだけでもトップクラスの仲間入りなのだ。

4-14 値動きを体感する

　第2章と第3章で否定した「移動平均線」のほかにも、数々の分析法、多くの統計的アプローチがある。説明を聞くと、ものすごく当たるような気がするし、とにかく魅力的なものがゴロゴロとある。

　だが、ピシピシと当たるものが存在する道理はない。仮に、勝ち続けられる法則があったとしても、実際のマーケットで売買して自ら価格変動に影響を与えるのだから、結局は、その法則が勝ち続けることはない。

　例えば買い占めをすれば、一定の位置まで株価は上がる。需要に対して供給（売り）が少なくなるからだ。だが、うまく売り抜けるのは難しい。高い位置で買ってくれる人がたくさんいないと、自分の売り注文でどんどん値が下がるからだ。

　原則として、どんな分析を行っても勝つことはできない。正確には、勝ち続けることができないのだ。ある時期は勝ちまくるだろうが、負け続ける期間もあり、最終的には"損益ゼロ"の結果に収束するのである。

　そこで、複数の分析法を組み合わせて勝とうという発想になるが、同じ理屈で否定されるだけだ。市場経済が生まれて数百年、いまだにマーケットが破壊されずに継続しているということは、"必勝法"は成立し得ないということだ。

　だから、どんな分析法も、夢のように当たることは期待できない。3年間、あるいは5年間当たり続け、50万円が3億円になる可能性

はあっても、いつまで続くかを見通すことはできないし、たまたまスタートした時期が、長い負け期間の始まりかもしれないのだ。

　無理やりなものを除けば、多くの分析法それぞれに優位性があるはずだが、少なくとも、ちまたの説明を真に受けて「打ち出の小槌だ」と考えてしまうことだけは避けなければならない。

　研究や実売買を通じて多くを経験した人は、「株価変動には、つかみどころがないが、上がったり下がったりしているのはたしかだ」と言う。実践的に考えると、これを上回る分析はないのかもしれない。勝つためには、こんな堂々巡りの次元を超える"ひと工夫"が求められるという結論に達する。

　分割売買を行う、休みを入れる、乗れたらねばる……計算だけに頼らず、人間の創造性と行動力でカベを突破しようということだ。これをまっすぐに貫く姿勢が、職人的なうねり取りの売買だ。

　独自の判断で株価の先を読み、見込みと実際のズレをポジション操作で修正して"結果をコントロール"しようと努めると、「変動感覚」と呼ばれる個人的な感性が生まれる。

　説明が難しいが、例えば豆腐を箸で口に運ぶ動作について、箸の角度や力の入れ方を理論的に説明することは困難だ。箸の持ち方の基本を学び、何度も失敗して、うまくできる方法をつかむものだ。そして、できるようになったとしても、他人に教えるのは難しい。極めて個人的な感覚、自分だけの技術がそなわったにすぎない。

　売買の技術も、これと同じだ。ポイントとして理屈を言うことはある。例えば、「ダラダラ下げのあと下げ幅が小さくなってきたから、下げ止まりが近いかも」といった観察も、そのひとつだ。

しかし、予測不能の株価に対してポジション操作を行うということは、感覚を駆使して自由意思で"泳ぐ"行為だから、総合的な解説は非常に難しい。

　チャートの観察でも、「ワン、ツー、スリーと伸びたから目先の高値かな」といった、わかるようでわからない表現が飛び出すものだし、同じように感じた人でも同じポジション操作をするとは限らない。

　この「変動感覚」の説明として、以前に思いついたことがあるので紹介する。「値動きを通じて、参加者の動向を想像している」という切り口だ。

　相場技術論では、前述した通り、価格を絶対視し、その背景にいる投資家を考えることはない。これが原則だ。

　しかし、値動きを生き物のように扱うことこそ、個人の変動感覚を生かした取り組み方である。その一点を追究すると、「自分と同じ生身の人間がいて、どのような感情を抱いて売り買いしているか」を考えている、といえるのではないか。

　「下げ幅が小さくなってきた」という捉え方は、みんなが弱気でダラダラと投げが続いているが、そんな行動を取る人が減ってきた、と判断しているわけだ。

　「ワン、ツー、スリーと伸びた」は、興奮した参加者が買いつき、それを見て二番手が買いつき、最も行動が遅い参加者までとうとう買いついた（だから目先の高値）という意味である。

　妙な計算に頼るよりも、生身の人間として、生身の人間を想像する部分が、堂々巡りの次元を超える"ひと工夫"だと考えるのが、職人的なプロの発想である。

4-15 「プロは逆張り」ってホント？

　前項で各種の予測法を否定したが、優位性があるとも述べた。そもそもの使い方に、大きな誤りがあるのだ。

　ほとんどの予測法では、「天底を当てよう」と躍起になっている。その結果、チャートのタテ軸に目が向くのだが、売買する価格について交渉の余地はなく、常に"市場任せ"だ。

　それなのに、「安く買って高く売る」という非現実的な発想をそのまま行動に反映させようとしてしまい、その勢いで「最安値を買う」「最高値を売る」なんて考えを抱く。

　そんな"神の領域"を目指すのはやめよう。大切なカネが絡むため、「1回でも損をしたくない」「最安値を買いたい」「利益のチャンスはすべてモノにしたい」と、つい背伸びをしてしまう。この心理が、質の悪い情報にまんまと引っかかる原因だ。

　真に質の悪い情報だけではない。間違ってはいないが、実践的な理論にはつながらないアイデア、個人投資家としての道筋からずれた考え方が"まっとうな情報"として扱われていることが多いから、うっかり受け入れてしまうのだ。

　「プロは逆張り」というが、本当だろうか？　第1章の「12. 間違いだらけのナンピン論」とも関係する大切なことだ。値動きとの向き合い方を考えてみたい。

　安く買うためには、下がってきたところで買うようにする。この説明自体を誤りとはいえないが、「では、みんなが恐怖に包まれるよう

な下げ相場に買い向かおう」という"攻撃的"な姿勢が肯定されるのだろうか。「ちょっと待った！」と言いたい。

「上げ上げを繰り返す」が前提なら、下げの末期を狙って買い下がれば（下げ過程を分割で買う）良いポジションをつくれる——この論理を実践しようとして大損する人が実に多い。

原因として、値動きの観察が甘い、無計画に買いすぎる、といったことが挙げられるが、最大の誤りは、「安く買わなくては……」という強迫観念を行動に直結させている部分にある。

買い値は安いほうがいいに決まっているが、売る（利食いの手仕舞い売り）までの時間（チャートのヨコ軸）ずっと、緊張してポジションを抱えることを考えたら、逆に「あまり安く買わないほうがいい」くらいの発想も生まれる。

買いポジションをつくる狙いはなにか——安い買い値を自慢することではなく、「上げ相場に乗ること」にほかならない。

下げた、下げ止まった、整理の底練りがある、整理がついて徐々に上げに移る、上げが加速する……下げから上げへ移り変わる過程にはこんな道のりがあり、それなりの「時間」がかかる。

少なくとも、上記の「上げが加速する」時期までねばって利を伸ばしたいのなら、精神面のことも考えて、ポジションを抱えて戦う時間を短くしたいのだ。

早い段階での出動は、この狙いに反する。逆張りで買い下がる場合、「下げ」に注目するのではなく、「下げ止まり」に全神経を集中させて仕掛け始めの時期を探らなくてはいけない。

4-16 イメージは「順張り」でいい

　やみくもな逆張りは、単に"逆行する"ポジションをつくるだけだ。ガンガン下がっているうちは、ナンピン買い下がりを狙うよりも、カラ売りの維持が正しい。下げ止まってから、ゆっくりと買いに転換していけばいいのだ。その行動を支えるのが、「3カ月」「6カ月」を軸とした日柄（チャートのヨコ軸）観測だ。

　逆張りが望ましい、プロは逆張りだ、買い下がるんだ——このイメージによって下げ途中で買って失敗、「逆張りは難しい」「ナンピンをするべきではない」と結論を出している人が多いが、少しだけ視点を高めて長い期間を眺めるようにすると、別のものが見えてくる。

　一般的な「逆張り」「順張り」のイメージを基にした、私からの提案はこうだ。

　「順張りのほうが、正しい、安全な、プロの思考である」

　上げの波に乗るのが、買い戦略のイメージだ。どこまで下がるかわからない恐怖の場面で買う必要はない。最安値を買えるかもしれないが確率は非常に低く、かなり安いところを買えたとしても値幅取りに直結するかどうかは疑問だ。

　だったら、下げ止まって閑散とした雰囲気になるのを待てばいい。ニュースで「下げの恐怖」を報じなくなり、しかし「上げへの期待」にも言及しない状況で値動きを注視していると、ジワッとした変化、株価が「上がりたがっている」ことを感じる。そこからポジションをつくり始めるのが基本のタイミングだ。

次の段階で、「より安く」仕込むことを意識しよう。これが、下げ末期から慎重に分割して、ゆっくりとエントリーする、適正なトレードの計画につながる。

こういったプロのトレードに近づくには、落ち着いた観察しかない。それをサポートする大切なパートナーが、場帳とチャートであり、縁の下で支えてくれるのが、売買を記録した玉帳だ。道具をおろそかにしてはいけない。

4-17 究極は乗せ

やみくもな逆張りではなく、むしろ順張りで、「上げの波の乗る買いポジション」あるいは「下げの波に乗る売りポジション」をつくるのが、正しいイメージだと説明した。

この延長にあるのが、「乗せ」である。

株価の変動を読み切ることができるなら、最安値に近いところで買い、最高値の近辺で売ることができる。だが、そんな神のような芸当はムリだから、"攻め"と"守り"のバランスを模索する分割売買を行う。もちろん、数量を決めてスタートする計画性が必須だ。

上げの兆しがジワッと見えてから買い始めるのが基本、それを見越して安値圏で分割しながら仕込むのが追加のシゴトと定義しよう。

すると、計画した数量に達するためには、上がり始めてからも買う（下がり始めてからも売り増しする）行動が求められる。

これが「乗せ」だ。

ただし、攻撃色が強くなりすぎるとキケンである。上げを予測した、買っている、実際に上がっている……この状態でさらに買うのは、常に評価益を維持する行動だ。やみくもな逆張りに比べれば、ある意味、極めて適正であり快適でもある。

　ただ、乗せで買いポジションを増やすほど、ある種の陶酔状態に陥りやすい。下げた場合のリスクが増大する。買いポジションが増えながら、平均値は上がっていくからだ。

　だから、"計画的なトレード"が絶対であり、乗せの数量配分は少なめに設定しておく必要がある。

　「上げ始めてから買えばいい」というのが軸のイメージだとしても、そこには「できれば上げの直前がいいし、安値圏で仕込みが進めば平均値は有利」という理論を追加しておかなければならない。

　ウルトラマンが怪獣を倒すようなシーンは、現実の世界にはない。値動きが激しいとはいえ、実体経済の一部である株式市場において、社会人として活動する以上、おかしな妄想を抱いてはいけないのだ。

　基本となるのは、（なるべく安い時期に）確信をもって買う、その買いポジションを必ず手仕舞う、という単純な行動パターンだ。

　買い戦略の狙いは「上げの波に乗ること」であり、恐怖と戦いながら買い下がるのがプロではない。もっと慎重に、小動物のようにビクビクしながら、スルスルッと既定の行動を取る姿こそがプロである。

　「上げの波に乗る」の延長には「乗せ」があり、大げさにいえば究極の売買だが、例えば「1万株のうち千株だけを最後の"決め打ち"として乗せる」くらいなら、平均値を大きく不利にすることなく、自分の見通しと値動きの現実を冷静に分析する姿勢が保たれる。

4-18 ツナギ

　単純化こそプロの技、奇をてらったような必殺技はない——これが、前項で伝えようとした大切なメッセージだ。このことから考えて、ツナギも必要最低限にとどめたい。

　ツナギとは、両建てを利用して値動きの中を"泳ぐ"技術だ。まずは、その趣旨を説明しよう。

　現実にありそうな場面を想像してほしい。現物で1万株買った、見込み通りに上昇してきた、売り逃げようか、ねばろうかと迷う局面になった……さて、どうするか？

　急いで情報を集めても、未来の株価を当てることはできない。日経平均の値動きと比較しても、何もわからない。相手が評論家だけでなく、実践家であっても、他人に意見を求めたらアウトだ！

　数式的な判断基準を利用していれば、それに従うだけだが、もっぱら感覚に依存する裁量トレードでは、自分の感性が頼りの綱だ。だが、いったん迷い出すと、その感性自体が頼りにならない。こんなときに利用できるのが、ツナギのポジションである。

　買っている場合は、その買い玉を維持したままカラ売りを行う。1万株持っている状態で、例えば千株をカラ売りするということだ。差し引き9千株の買いになるが、それほど単純な引き算ではない。

　具体的な数字を入れて考えてみよう。

　平均250円で1万株買い、350円まで値上がりしたとする。平均250円の買いポジション1万株が維持されたまま、350円のカラ売り

ポジションが新たにできたら、1万株のうち千株を手仕舞いして9千株に減らすのとは異なる感覚になるはずだ。
　「250円で1万株持っている」という認識はそのまま維持され、緊張感も継続する。それとは別に、「350円で千株売った」事実が、新たな基準として追加されるのだ。
　それこそ感性の問題だから、しゃくし定規に対応方法を示すのは難しいが、ひとつの例を出そう。
　千株のカラ売りポジションについて実に"イヤな"感じがしたら、「相場は強い」「まだ上がる」と判断できる。
　逆に、千株のカラ売りが"良いポジション"になっていきそうなら、「先行きはよくないから積極的に利食い売りを進めよう」とか、「現物売りを進めながらカラ売りポジションを増やし、ユルユルとドテン売り越しを狙うか」といった発想に至る。
　いってみれば、買いポジションを抱えた状態で、（間接的に）対立するカラ売り筋の正直な意見を聞いてみるようなものだ。
　「カラ売りしていて不安ですか？　じゃあ、まだ上ですね」と考えるか、「カラ売りが心地いい？　追撃売りしたい？　そうか、相場は弱くなってきたんですね」と判断するか、これを"自分"というひとりの人間の内部で行う面白い取り組みがツナギだといえる。
　ちなみに、買い戦略の中にカラ売りを入れるのが「売りツナギ」、カラ売りのツナギは「買いツナギ」だ。好みなどは別として、価格変動によって損益が生じる"ポジション"、自らの意思で自由に動かすことのできる"ポジション"として、売りも買いも区別せず同じように考えるのがプロの発想だ。

4-19 ドテン

「利食いドテンは愚の骨頂」

昔からある、相場格言のひとつである。

買っている、上がってきた、「ここが天井だ！」と一点狙いで手仕舞い売りする……一点狙いはダメと述べたが、手仕舞いするだけなら、すべてを現金ポジションに変える行為、ニュートラルポジションに戻る"撤退"の行動だから問題はない。

利を伸ばすために"探る"ことも必要だが、利食いでも損切りでも"手を引く"ときは一定の素早さが重要だからだ。

だが、「ここが天井だ！」と決めつけ、持っている現物1万株をすべて売ると同時に、「えいやっ」と1万株まとめてカラ売りするというのは、いくらなんでも乱暴すぎる。

「天底を当てよう」というイモ筋の発想が極限まで膨らみ、「自分は神だ」と酔いしれるような気分で一点狙いの決め打ちを行うなんて、当たるとか曲がるとかいう確率の問題ではない。

個人プレーのトレードでは、1人で数役をこなす。プレーヤーの自分、それを管理する自分、相談相手となる自分、等々。暴走を止めるだけでなく、状況によっては背中を押す係も必要だ。

上記の利食いドテンは、管理者がプレーヤーのハチャメチャな行動を容認することだから、"チーム"が崩壊してしまうのだ。

逆に、「損切りドテン」は容認してオーケーだ。

買った、意に反して下がった、「下向きだ」と判断した……買いポ

ジションを投げるとともにカラ売りを仕掛ける行動は、プレーヤーとして正しいはずだ。見込み違いを素直に認めて素早く動くのだから、管理者が止める理由はない。

　だが、この場合でも、いきなり計画数量目いっぱいというのは行き過ぎで、素早くついていくために一発目が多くなるのは当然としても、やはり分割を前提とするべきだ。

　さて、前項の「ツナギ」で説明したように、利食い（ポジション減少）やツナギ（両建ての活用）も分割で、ドテンする場合もユルユルと変化していく、周囲から見ると"やってる感"がないくらいの雰囲気で、相場の流れにゆったりとついていく姿勢が望ましい。

　さらには、やはり前述したように、買ったら売り手仕舞いする、カラ売りしたら買い戻すという「単純な行動」を常に意識したい。ツナギもドテンも、秘密の"ワザ"のように認識してしまうと、個人的な"やってる感"が増すだけで、軸がブレまくる懸念が生じる。

　ツナギは限定的に利用して効果が上がるもので、多用は禁物。ドテンを裁量で行うと乱暴になりがちだから要注意。単発の売買、単純な行動をベースに、必要最低限の工夫で質を高めるようにしたい。こねくり回すと、自ら迷走するだけである。

4-20　中源線建玉法は「うねり取り」だ！

　この計算式を用い、シグナルが出たら買え──。ちまたには、安っぽい予測法がいくらでも転がっている。

コドモだましのものにも、オトナの需要があるのだ。相場の魅力かカネの魔力か……。損をして退場させられる投資家、塩漬けを抱えて立ち止まる投資家が後を絶たない構造だから、同じ人たちが売買し続けているように見えても、水面下では参加者の入れ替わりが激しい。

　初心者が飛びつくネタにも、商業的な価値があるということだ。

　感心できない投資情報を挙げれば枚挙にいとまがないので、大まかなポイントを示しておこう。

　まずは、前にも述べたように「天底を当てよう」としているのが特徴だ。「天底が当たります」といったアピール、あるいは、そう感じさせる説明が多い。明日から儲けたいと考える投資家には、これほど響くものはない。

　もうひとつ特徴的な部分は、予測法に偏っている点だ。投資家は常に自由なので、想像する以上に"マニュアル化"された行動が求められている。にもかかわらず、「予測法」「ポジション操作法」「資金管理法」の3セットを構築せず、「当たりまっせ！」とばかりに予測法だけに偏り、予測法こそが重要だと考える投資家が興味をもつ。

　コンピュータが発達した現在、"トレードシステム"もふつうに市販されている。「システム」というからには、少なくとも「予測法」と「ポジション操作法」の2つはセットになっているはずだが、ヒドいものは"仕掛けのみ"が指示され、"あとは勝手にやれ"式の尻切れトンボになっている。

　また、それなりにバランスが取れている結果、ひとつの手法として成立しているものでも、肝心のロジック（判断の基準、理論、ルール）が公開されていないのがふつうだろう。

すると、そのロジックが合うときは利益、合わないときは損、という波が発生し、そんな売買結果に一喜一憂するだけなのだ。残念ながら、手法や技術を高めたり、プレーヤーとしての経験値を積み重ねることにはつながらない。

　では、うねり取りを行うには、本書で示したことを理解したうえで実践し、悶々としながら努力を続けなければならないのか――最初の答えは「イエス」だ。

　多くの人が自由に参加して"カネを取り合う"のが株式市場だ。規模が大きいから、個人投資家のささやかな資金、つまり多くても数億円を元手に派手な利益を上げても、市場はビクともしない。ここに、個人投資家が勝つためのすき間がある、ゆとりがある、だから本書の内容が実践的な意味をもっているのである。

　それでも、単独行動はハードルが高い、なにか明確な指針がないかという人は、次章で紹介する「中源線建玉法（ちゅうげんせんたてぎょくほう）」を検討してほしい。

　うねり取りとは、数カ月単位の上げ下げを狙う売買だ。その数カ月単位のトレンドを、終値の折れ線チャートを用いたシンプルな分析で実行しようという"機械的売買法"が中源線建玉法だ。

　林投資研究所のオリジナルで、中国の古書にあった記述をもとに私の父・林輝太郎がまとめ上げた手法だ。私自身も現在、研究と解説に力を入れている。

　中源線は、予測法の部分でも、決して「天底を当てよう」などとしていない。むしろ、当てることを"放棄している"と説明できるほど、現実を無視せずにトレードと向き合う実践家の本音が、シンプルなルールに落とし込んであると思う。

もちろん、万能のものなんて存在しない。"打ち出の小槌"を求める気持ちは捨ててほしい。
　だから、ここまで述べてきたような感覚を重視した取り組み方を、おろそかにしてほしくない。機械的な判断基準を用いる場合でも、自らの意思で進む気概を大切にしてほしい。
　そんな自立心があれば、中源線建玉法が大きな助けとなり、トレードを深く理解する道筋が生まれるはずだ。

第5章

機械的判断でうねり取りを実現する「中源線建玉法」

多くの個人投資家が、一点狙いの売買を実行する。行動の基となった予測に固執する。この予測が当たらないと困るんだよ……自分で自分を追い込んでしまう。

　そんな苦しい考え方から自分を解き放ち、予測は"当たったり外れたり"という現実を受け入れてほしい。相場の見込み違いなんて当然のことだと容認するのである。

　すでに起きてしまった過去を振り返ることなく、未来を見据えた「最善の一手」を迷いなく実行しよう。

　タイムマシンでも開発しない限り、未来の株価を知る術はない。どんな予測法を用いても、常に当たったり外れたりなのだ。

　当たり続ける場面もあるが、イヤになるほど曲がり続けることだってあるのだ。

　それを見越して資金稼働率を設定するのが「資金管理」の考え方であり、中心となるのは「予測法」と「建玉法」のセットだ。

　予測法と建玉法が合理的に合体していれば、予測不能の株価変動の中を"泳ぐ"という、プロの対応が実現する。これを手助けしてくれるのが、中源線のルールなのである。

　名前に「建玉法」とある通り、値動き判断によるポジション操作の具体的指針だ。数ある手法の中で、中源線建玉法の位置づけは？　こう考えたとき、人によって捉え方が異なるだろうが、私は「うねり取りを機械的判断で行うためのもの」だと説明している。

5-01 株価の波を泳ぐ感覚

　うねり取りとは本来、裁量による判断を用い、数カ月単位の上げ下げを捉えて往復、つまり買いでも売りでも利益を狙う売買手法である。

　一般的には、チャートのタテ方向にある「価格」にばかり目が向くもの。しかし、ヨコ方向の「日柄」（時間）を組み合わせることで、「トレンド」が浮かび上がるのだ。

　上げている、下げている、横ばいをみせている、という傾向である。この株価推移の傾向をベースにポジションの取り方を考えるのが、うねり取りだ。

　ヨコ方向の時間をしっかりと意識することで、同じ上げトレンドでも、ゆるやかなのか急激なのかを評価することができる。また、例えば「ゆるやかな上昇から急騰に移った」といった、デリケートな観察も可能になる。

　ところが、相場の結果は「損益」という生々しい数字に表れるので、ついタテ方向の価格ばかりを見てしまう。だから、チャートのヨコ軸を形成する日柄にもバランスよく目を向けるために、「日柄を見ろ」という戒めの言葉があるのだ。

　中源線は、意外と短期間の上げ下げをパターン分析して陰陽の判断をする。うねり取りを裁量で行う際に大切にする数カ月単位の「日柄」が、判断材料の要素として重視されていないといえる。

　しかし、そんな中源線の判断によって、結果として"うねりに乗る"ことを実現しようとしている。

また、短期的な変動に注目することで、急な動きに機敏に反応するという強みも生んでいるのだ。

　裁量によるうねり取り、中源線による売買、それぞれに特徴があるのだが、どちらも株価のうねりの中で「うまく泳ごう」としている。一般的な「当てよう」とする発想とは、全く異なる世界だということを、しっかりと頭に刻んでほしい。

　海の波を想像してみてほしい。やや大きな波のある海面を、自分が泳ぐことをイメージしてほしいのだ。プールで泳ぐようにスムーズに進むことはできない。不規則な波に体をもっていかれたり、息つぎの際に海水を飲みそうになったりするはずだ。

　でも、海面の動きをパターン化することで、おおよその対応方法が見えてくる。対応しきれないパターンのときはムダに体力を使ってムリに進むことをやめ、わかりやすいときに着実に前に進むなど、ひと工夫した泳ぎ方を想像できるだろう。

　こういった対応こそが、まさに相場なのである。

　海を泳ぐときは、沈んでしまったりパニックになることを避けながら、まずは落ち着いて海面に浮かんでいることが最優先だ。

　相場も同じである。大儲けを狙うよりも、資金を大幅に減らすような大失敗を避け、生き延びることを優先する。多少の後退は受け入れ、慌てずに状況を観察する。そして、得意な波、わかりやすい波を待って前に進むだろう。

　中源線は機械的な判断法を用いる——こう説明すると、一部の熱心な個人投資家は「勝率は何％ですか？」と質問する。

　売買システムの勝率も、確認しておくべき事柄のひとつだが、質問

する投資家の中には、勝率が高いほど儲かると考えている人がいる。第２章で触れたし、第６章でも詳しく述べるが、ありがちな誤解だ。

　一定以上の価格変動を軒並み当てることができるのなら話は別だが、不特定多数の参加者が激しく競争している市場で、他者を圧倒的に引き離すことなどできるはずがない。

　ましてや、天体の観測などと違って値動きが一定ではないうえに、自分自身の売買が影響を与えるのだから、多少の差はあっても予測が「当たったり外れたり」という状態から抜け出すことは不可能だ。

　星や太陽の動きを観察する科学の分野では、全員が間違っていることもある一方で、発見によって全員が正解にたどり着くことがある。しかし、相場の先行きについては、常に半分の人が誤り、半分の人が正しいのである。

　もう一度、海を泳ぐことを想像してほしい。厳しい波の中で、まずは溺れないこと、そして少しずつでいいから着実に進むこと——これが、相場を行う正しいイメージだ。

　これは、中源線を使うときだけの特別ルールではない。

　どんな予測法でも、どんな売買手法でも、市場で他の参加者とカネを取り合う以上、絶対に同じなのである。

5-02 折れ線チャートを利用するワケ

　中源線建玉法では、終値だけの折れ線チャートを機械的に分析して、値動き傾向（トレンド）を判断する。

そして、同じく折れ線チャートによって、3分割の売買を機械的に行う。つまり、規格化された「建玉法」だ。

　最初は、聞き慣れない言葉や、ルール通りに売り買いすることに戸惑うかもしれない。しかし、すぐに、系統立った手法の実用性と合理性を理解できる。

　やみくもに相場の先行きを当てようとするのではなく、自然体で値運びについていく姿勢が生身の人間の感覚と一致する、そんな心地よさを感じるはずだ。

　あらためて、中源線でも、裁量によるうねり取りでも、日々の終値だけを使った「折れ線チャート」を使用する理由を説明しよう。

　1日ずつ線を描き足していくチャートを「日足」と呼ぶが、多くの人がローソク足を好む。終値の折れ線チャートでは情報が1日に1つだけだ。一方のローソク足は、寄付、高値、安値、終値と4つのデータを1本に集約している。

　そして、寄付よりも大引が高い陽線（白抜き、もしくは赤塗り）、寄付よりも大引が安い陰線（黒塗り）、寄付と大引が同値の十字足と、状況によって形が変わり、さまざまな変化を観察することができる。

　なおかつ、「線組み」といって、隣り合う複数の線をまとめて観察するアプローチまであるのだ。

　このように、ローソク足には、情報がどんどん増幅していく面白さがあるため、多くの人が好んで利用している。

　しかし毎日、さまざまなタイプの個人投資家と接してきた経験から確信しているのは、大げさではなく、99.9％の人がその膨れあがった情報を整理できないまま、少なからず迷走しているという事実である。

相場は、売りと買いしかない単純な構造のゲーム（ルールのある競争）だ。しかし、売買数量の調整が可能だし、あえて出動を控える自由もあるので、対応の仕方には非常に多くの選択肢がある。

　だから、トレード全体を落ち着いてコントロールするために、「売り」か「買い」か、シンプルな思考を展開しなければならないのだ。

　利益を上げるために求められるのは、単純明快な行動指針だ。それなのに、ローソク足が生む膨大な量の情報を抱えていると、いろいろなチグハグが起こりやすくなる。少しでも甘い部分があると、膨大な情報によって確実に「相場難民化」するのである。

　それでもローソク足は面白い。長い歴史の中で多くの人が携わった結果、複数本の組み合わせで天底を当てようという試みも生まれた。ただし、この手の情報には、実に怪しいものが多いのだ。

　例えば、妙に意味深な名前をつけて48のパターンを示した、「四十八手」と呼ばれるものがある。トレンド観察の原則に沿ったものも多いので、その源は純真な研究だったと推測できるが、伝えられるうちに歪曲され、「これで当たる」と言わんばかりの非現実的な情報として整えられてしまったフシがある。

　だいたい、うまく48パターンにまとめられていることだけで、とても怪しい。相撲の決まり手を、やはり四十八手と呼ぶ。その呼称は室町時代からあるそうだが、そもそも正確に「48」あるということではなく、「たくさんある」という意味で、縁起が良いとされる数字として「48」を名称に含めたそうだ。

　ローソク足の四十八手は、一部のマニア的な個人投資家が夢中になっているほかは、マジメに取り組んでいる人がいない。

余談だが、相場難民化した個人投資家を、さらに迷わせるような断片的予測情報を発信する業者は、好んで利用しているようである。
　本題に戻ろう。トレードはズバリ、カネの増減という生々しい結果を意識しながら、連続的に決断を迫られる行為である。
　繰り返すが、「売り」または「買い」という単純な要素を軸にシンプルな思考を展開しないと、わずかに期待外れの変動があっただけで、全く身動きできない"フリーズ"状態に陥るのだ。
　実践者としては、トレンドが上か下かを考えることが重要である。トレンドの変わり目を見つけようとすることも、非常に大切だ。
　しかし、生身の人間の判断は、解きほぐせないほどの混乱を生むことが多い。
　混乱をゼロに近づけ、プレーヤーとして実用的な決断を下すには、利用する情報を整理しなければならない。ただし、たっぷりと集めた情報を合理的に並べようとしても迷うだけなので、情報を絞り込む、つまり一部分のみを拾うようにするしかない。
　私たちは、つい多くの情報を集めようとするが、一本筋の通った行動を取るには、情報を選別して絞り込むのが唯一の方法だ。
　日足チャートならば、使い切れない情報を含んだローソク足よりも、終値だけを線で結ぶ折れ線チャートのほうが、生身の人間が感覚的に株価の"波"をつかむのに適しているのである。
　最初に見たチャートがローソク足だったという理由で、なんとなくローソク足を使い続けるケースが多いのだろうが、不測の株価変動と正面から向き合い、自分の責任で自分自身の決断を下していくプロの多くは、とてもシンプルなチャートを好むものだ。

そして、中源線建玉法も、この姿勢を貫きながら、余分な情報をそぎ落とした「終値の折れ線チャート」を利用する。

　誤解のないようにつけ加えておくが、ローソク足に利用価値がないと言っているのではない。ローソク足を上手に利用した判断手法はあるし、好んで利用するプロトレーダーもいる。

　ただし、際限なく膨らんでいく情報におぼれないようにするため、観点を絞り込んで実践的な判断に直結させているということを覚えておいてほしい。

　ちまたで目にするローソク足の予測法は多くの場合、完全な"お遊び"に堕落している、あるいは、"お遊び"であることを承知で個人投資家向けに発信しているものだと私は思う。

5-03 「順行」「逆行」という発想

　中源線は、値動きの傾向を機械的に判断する手法である。しかし、プレーヤーなら誰でも持ち合わせている、生身の人間ならではの「感覚」的なものを残しているのが大きな特徴だ。いや、むしろ、感覚をそのまま数式に落とし込んだというべきだろう。

　コンピュータが発達した現代ならば、「儲かる数式が見つかれば、それを機械的に繰り返せばいい」といった発想もあるだろう。

　そもそも自らの相場哲学とか、個人的なこだわりなど一切ない、という姿勢である。大多数の人が行き詰まる中、こういったアプローチで成功している人がいるのも事実だ。

しかし通常は、感覚的に納得できないものを実行することなどできない。学校の勉強で、「なんの役に立つんだろう？」と疑問を感じた教科は、テストで及第点を取るのに一苦労だったり、楽しくなかったりで、内容など頭に残っていないはずだ。

　信頼する医師からの提案でも、正体不明の薬を飲むのは抵抗があると思う。ダイエットが続かないのも、出会った方法についてよく調べ、とことん納得した状態にならないからだ。

　しかし中源線は、シンプルな終値の折れ線チャートを観察した生身の人間が、ごく自然な流れで思いついたことをルール化しているだけである。熟練したプレーヤーのこだわりが詰まっていると感心するほど、よく仕上がっている。

　机上の空論に偏ることもなく、いたずらに条件を重ね合わせるムリな試みも一切ない。実にシンプルで、合理的だと思えるルールが定められているのだ。

　私が"中源線の骨子"だと感じるのは、「上げ下げ」を「順行」「逆行」の２つに分ける発想だ。

　具体的なルールは後述することにして、誰でも想像できる状況を設定して、「順行」「逆行」の考え方を説明しよう。

　次ページの図は、株価の変動である。中源線と同じ、終値の折れ線チャートだと思ってほしい。いま、「上がる」という想定で買っている。すでに、買いポジションを持っている状態だ。

　買っているのだから、上がることが望みである。上がれば上がるほど、評価益は膨らんでいく。だから、前日比がプラスで上向きの線が加わったときは、「よしよし。その調子だ」と感じるはずだ。

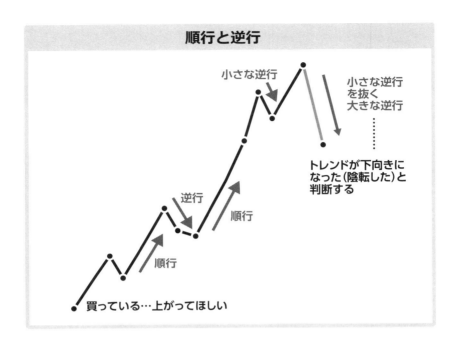

　しかし相場だから、上げ相場であっても毎日必ず上がるということはない。上がったり下がったりの、ジグザグ運動をみせる。

　上がる想定で買っているのだから、前日より高ければ順調で、これを「順行」と定義する。しかし、前日よりも安い場合は、望ましい動きではないため、これを「逆行」と定義する。

　実にわかりやすい、素直な捉え方だ。買った銘柄が下がって「ヤバい……」と感じながらも「様子見だ」と強がる人が実に多いのだが、その「ヤバい」を放置せずに「逆行した」と平易に認識するのである。

　ところが、値動きはジグザグ運動、順行の動きがあれば、逆行の動きがあって当たり前。いちいち騒いではいられない。とはいえ、無視するわけにもいかない。逆行が続いて大きな下げに向かうなら（そん

な気配なら)、ポジションを変化させて対応する必要があるのだ。

　そこで中源線は、逆行と逆行の組み合わせが一定の条件を満たしたときに「トレンドが変わった」と判断する。

　図に示したように、小さな逆行を下方向に抜く大きな逆行があった場合に、「下向きになった」と判断するルールなのだ。

　これが、「陰陽の転換」である。つまり、「上がる」（陽）という判断から、「下がる」（陰）という判断に切り替えるのだ。当然、ポジションも動かして、買い玉を手仕舞いすると同時に売り玉（カラ売り）を建てる。

　陰陽の転換によって、ポジションをドテンするのである。

　この転換のルールは、書籍『新版 中源線建玉法』に詳しく書いてあるが、次の項で具体的な条件を明らかにしよう。

5-04 トレンド転換の基本概念

　前項を読んで気づいたかもしれないが、中源線では、ローソク足のように日々の形で陰線、陽線と区別することはない。

　ローソク足の場合は、日々の寄付と大引を比較し、大引のほうが高ければ「陽線」として白抜き（または赤く塗りつぶす）、大引のほうが安ければ「陰線」として黒く塗りつぶす。

　しかし中源線では、「今は上昇トレンドだ」と判断している期間は、上がろうが下がろうが常に陽線と呼ぶ。前日よりも高ければ「陽線で順行した」、前日よりも安ければ「陽線で逆行した」とするのだ。

常に、確固たる想定（予測）があり、それに対する値動きの評価を行う。そこには、「一喜一憂」と呼ばれる感情の振れを差し込まない。都合の悪いものを隠す、あいまいな態度もない。値動きや自分の見通しに対して、堂々と正面から向き合っているのだ。

　上がると思って買ったら、急に値動きが弱々しくなった……こんな状況に対して多くの投資家は、「様子を見る」と先送りする。すでにポジションをつくっているのに「様子見」とは、全く意味不明である。

　実際、「マズいなぁ」と感じているはずだ。サッと負けを認めるのはイヤなもの、その気持ちはよく理解できるが、往々にして、悪い予感の通りに下げ傾向が鮮明になっていくものだ。

　こんな見込み違いに対して中源線は、「投げたら損をしてしまう」などと過去に軸足を置いた思考をせず、「逆行が一定の条件を満たしたら、その方向に建て玉しよう」と未来に向けた一手を示す。

　前述の「陰陽の転換」である。

　書籍『新版 中源線建玉法』では、この転換のポイントを「陰陽分岐点」と表現している。単に「方向が変わった」と値動きを平易に評価し、市場が耳を貸してくれることのない自分の都合など盛り込まない。売っていようが買っていようが、ポジションがゼロだろうが、下げに転じたのなら売りを仕掛けるしかない、という実践者の理想の行動を指し示してくれるのだ。

　では、逆行によって「陰陽転換」を判断する中源線ルールを、具体的に説明しよう。

　株価は、上がるときでも下がるときでも、一直線には動かない。上げたり下げたりのジグザグ運動をみせる。これを前提にして、「逆行」

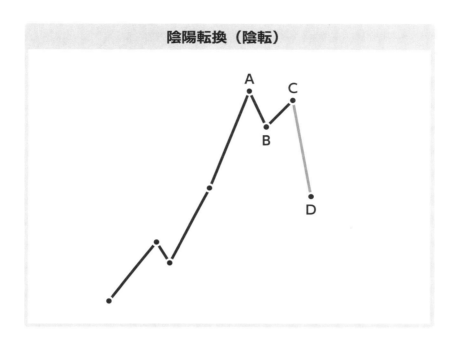

の動きを拾うのが中源線の着目点である。

　中源線は、「逆行」の動きに注目する。図では、中源線が現在「陽線」、つまり「相場は上がっていく」と判断している想定である。「陽線」は「買い線」とも表現し、終値と終値を赤い線で結ぶ。

　ジグザグの中に逆行の動きABがある。これを基準にして、その先にもガクンと大きな逆行（CD）が現れた場合に転換したと判断するのだ。

　このとき、AB、CDそれぞれの値幅について、カンタンな数式で示すことのできる条件がある。中源線では、値幅を「分」（ぶ）という単位に置き換えて計算する。これについては後述するので、まずは「1分＝1円」と考えて図を見てほしい。

まず、逆行ABは4分あることが条件だ。つまり、"わずかな"逆行ではない、"一応の"逆行を基準とする。4分に満たない"わずかな"逆行は、完全に無視する。

　この"一応の"逆行のあと、それを最低でも3分抜くような逆行があり、その逆行がABの2倍を超える値幅だったら「陰陽が転換した」と判断する。この場合、逆行CDについて、「ABの逆行を3分抜いているか」「ABの2倍を超える値幅があるか」と確認すればいい。

　ただし、ABの逆行がギリギリ4分、CDの逆行が9分では、1分＝1円の場合は、わずか4円幅と9円幅だから、ちょっとした気迷いのジグザグで転換が起きてしまう。そこで中源線では、CDの値幅の絶対値について、「12分」という条件をつけているのだ。

　以上をまとめると、以下のような数式になる。

$$AB \geqq 4$$
$$BD \geqq 3$$
$$CD > AB \times 2$$
$$CD \geqq 12$$

　中源線の書籍では、次のような言葉で表現している。

1. 最も近い4分またはそれ以上の屈曲段を、3分またはそれ以上抜くこと
2. その"3分またはそれ以上抜いた"（逆行新値までの）逆行値幅が屈曲段の2倍以上で、12分またはそれ以上であること

これを「普通転換」とする。

※注）中源線の「以上」は、その値を含まない。

　これが、中源線において陰陽転換を判断するメインのルール、「普通転換」である。

　AB、つまり最初の逆行を、中源線では「屈曲段」と呼ぶ。CDについての特別な呼び名はないが、私は「転換に至る逆行」と説明している。

　「屈曲段」が基準の逆行、言い換えると"兆し"の逆行で、そのあとに現れる大きな逆行と組み合わせて、「これは方向が変わった」と判断するのだ。

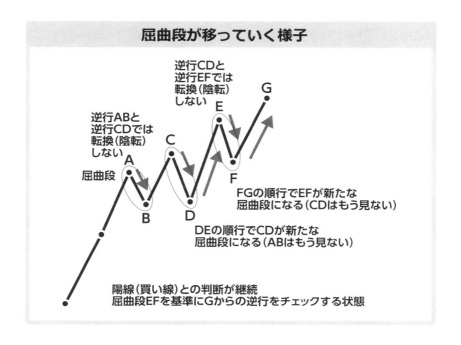

感覚的に納得できる、実に面白いロジックだと思う。

ちなみに、屈曲段のあとに４分（またはそれ）以上の逆行があっても、２つの逆行の組み合わせが条件を満たさないまま再び順行することで、屈曲段が２つになる。この場合、以前の屈曲段は見ずに、新しい屈曲段だけを基準にその先の逆行に注意する。

屈曲段は、ジグザグの動きの中で移り変わっていくわけだ。

そして、陰陽が逆で「現在が陰線（売り線）」の場合は、このルールを上下にひっくり返すだけ。下に示す図の通りだ。

ずいぶんアッサリと転換を判断するんだなあ……これが、普通転換の印象だろう。「これでは、ちょっと上げたら買いつき、ちょっとの下げでドテン売りとヤラれまくるのでは……」と感じるかもしれない。

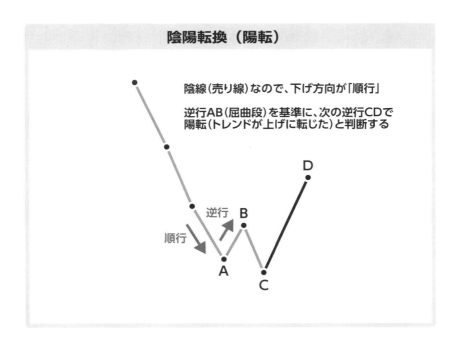

陰陽転換（陽転）

陰線（売り線）なので、下げ方向が「順行」

逆行AB（屈曲段）を基準に、次の逆行CDで陽転（トレンドが上げに転じた）と判断する

転換のルールだけを見ると、まさにその通りである。しかし、中源線の強弱判断は、占いのように「未来を言い当てる」ことなど狙っていない。

確固たる予測を基にポジションを取り、見込み通りの動きかどうかを判断しながら対処していくのが、相場を張るという行為である。

そんな「波乗り」の技法を実現するのが、この転換のルールと3分割の売買の組み合わせなのだ。

5-05 3分割で建玉をコントロールする

前項では、普通転換のルールを示した。「陰転した」あるいは「陽転した」という判断こそが、中源線の確固たる予測だ。陰転したら「これから下げトレンド」と想定して行動し、陽転した場合は「この先は上げトレンド」との想定で行動する。

そして、転換したとたんに、その方向にポジションを取る。陰転したらカラ売り、陽転したら買うわけで、継続して売買している場合は、すでにあるポジションを手仕舞いしたうえで、新規に建玉する。

中源線は、「ドテン売買」による「うねり取り」の手法なのだ。

さて、転換したら直ちにポジションを取るが、計画の3分の1しか建てない。どんなに「この転換は絶好だ！」と思っても、何が起こるかわからないのが相場だから、常に「まずは3分の1」だ。

さらに、転換後に一定の条件がそろわない限り、残りの3分の2は出動させない。

アッサリと転換を判断するかわりに、とりあえず3分の1だけ、いわゆる「試し玉」の状態で状況を見守り、中源線のルールによって条件がそろった、つまり「よし、この方向でいける」と判断したあと、転換について"確度を高めた"あとに、やはり3分の1ずつ、2回の増し玉を行う。

　このように、予測法とポジション操作をバランスよく組み合わせているのが中源線である。

　ちまたにある単なる予測法、つまり「当てよう」と躍起になっているものとは一線を画したアプローチがあり、名前の通り「建玉法」として整えられているのだ。

　この3分割によって、値動きを常に同じ基準で判断し、状況の変化に合わせてポジションを操作する、言い換えると「相場の波を泳いでいく」感覚の、プロの売買が実現する。

　数式で判断しているのに、生身の人間が"相場を張っている"イメージが生まれるのである。こんな人間くさい部分が中源線の大きな特徴で、学んでみて「気に入った」「好きになった」という声が多い理由だと私は考えている。

　中源線の3分割は、常に3分の1ずつの「等分割」である。しかし、「もっと回数を細かく分けるべきではないか」とか、「不等分割でアクセントをつけてはどうか」といった意見もある。

　小手先の変更ではパフォーマンスに大きな影響がなさそうだが、ちょっとした条件付けによっては面白いと感じる。これからの研究課題のひとつだ。

5-06 「順行」は放置、「逆行」に注意する

　中源線では、「逆行」を基準に陰陽の転換を判断する。では、「順行」の動きはどのように受け止めるのか──。

　順行は、基本的には放置する。順行は、思惑通りの動きだ。建玉の評価益が増えていく方向だから、そのままにしておく。

　したがって、例えば「買ってから2割上昇したから」といった理由で手仕舞いすることはない。この対応によって、期待以上に大きな相場が生まれたとき、ガッツリと値幅を取ることができる。

　ちなみに中源線では下げをカラ売りで狙うので、上げ相場でも下げ相場でも大きな波が発生すると利益が生まれる。

　ポジションと逆に動いたときに放置してキズを大きくしてしまうのが一般的な相場のミスだが、中源線では転換のルールによって、新しい方向にポジションを取るので、ダメ玉を放置して損が膨らみ続けることはない。

　一方、当然のことながら弱点もある。

　中途半端な往来のときは、上げかけてから買いを仕掛ける、下げ始めてから売りを仕掛けるという中源線の基本的な考え方がアダとなり、往復ビンタの連敗もあり得る。それをカバーするように、一定の値幅が生まれたときに利益を伸ばすのだ。

　実は、連続した順行では、やはりシンプルな条件で「一部手仕舞い」を実行するのだが、そのあとに少しの逆行があると再び増し玉するルールなので、トレンド途中の手仕舞いルールは、いわばポジショ

ン操作に"アクセントをつける"ような雰囲気で、基本的には次の転換までじっとポジションを維持する、と受け止めてもらって差し支えないだろう。

　そして、逆行の動きが条件を満たしたら陰陽転換、それまでのポジションは完全に閉じて反対方向にドテンする。ただし、常に予定数量（満玉）の3分の1からスタートだ。

5-07 トレンド転換の補助ルール

　普通転換のルールを示したが、屈曲段（181ページの図ではABの逆行）が大きいと転換が起こりにくくなる。その後の逆行が「屈曲段の2倍を超える」という条件があるからだ。

　実際、次ページの図に示すように、屈曲段に対して、そのあとの逆行が転換の条件を満たさず、順行が入ることで屈曲段が移り、それを繰り返しながらジワジワと逆行していくケースがある。

　こんな状況を見すごすわけにはいかないので、新値から42分（ぶ）逆行したら転換させる「42分転換」というルールがあり、基本の普通転換を補助する役割を担う。

　新値とは、陽線のときの高値、あるいは陰線のときの安値である。単に42分（1分＝1円の設定ならば42円幅）の逆行があれば転換、ということではなく、いくつかの条件があるのだが、基本の普通転換に加えて補助の42分転換があるというのが、中源線における陰陽転換の概要だ。

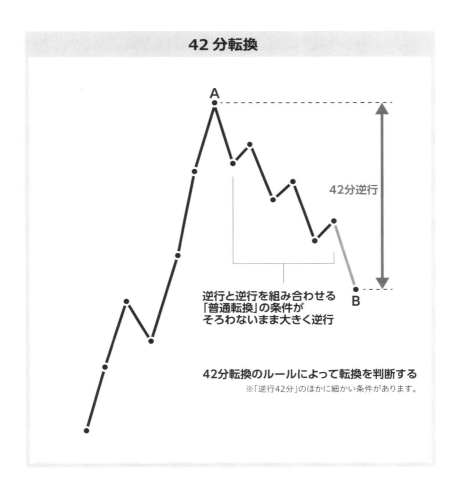

5-08 「再転換」がポジション操作のキモ

　普通転換と42分転換の組み合わせによって陰陽、つまり想定するトレンドの方向を決めるのが中源線だ。また、3分割の建玉によって、アッサリとした転換の判断をバランスの良い売買に結びつけている。

「よし、買いだ」と判断しても、まずは予定数量の３分の１しか買わないので、転換の判断が誤りだった、つまり「ダマシ」になったとしても、まともに損を食らわない。こんな、実用的な対応が組み込まれているわけである。

さらに、アッサリとした転換を補助する、とても貴重なルールがある。それが、「再転換」だ。

中源線の転換では、チャートのヨコ軸にくる「時間の経過」を考えないのが原則だ。でも、再転換をわかりやすく説明するならば、「転換直後に、陰陽の判断をひっくり返すことがある」という表現が適切だろう。

繰り返すが、中源線は、わりとアッサリ転換を判断するかわりに、陰転でも陽転でも、まずは３分の１しか建てない。それに加えて「再転換」の規定があり、転換の判断をサラッと覆すケースがあるのだ。

例えば、陽線で上昇したあとの逆行（下げ）で陰転と判断した直後、再び上昇して一定の条件を満たした場合に、「前の上昇トレンドが続いていた」と、強弱の判断を機敏に変更するのだ。そして、このときだけは例外的に、最初から３分の２の建玉を行う。

「前の上昇トレンドが続いていた」と判断したのだから、いきなり３分の３、つまり予定数量いっぱいに買ってもよさそうだが、こんなケースでも３分の１だけ余裕を残すところが実に面白い。

迷ったときは手仕舞う、あるいは数量を減らすという、リスク管理の原則が盛り込まれているのである。

多くの投資家は、いったん売り買いを決めたら、その判断に固執する。だから、中源線のような分割の発想をもたずに"一点狙い"でポ

ジションをつくるのだ。また、その一点狙いの建て方が、固執する姿勢を助長する。

　これに対して中源線は、とりあえずの判断に固執しない機敏な方向転換を重視しつつも、ドッテンバッタンと満玉の数量をひっくり返すような乱暴な行動を避け、強弱判断と３分割のポジション操作をうまく組み合わせているのだ。

　一点狙いのイメージが強いと、最初に行った判断を、必要以上に大切にしてしまう。この傾向は誰にでも少なからずあるため、中源線の「再転換」という判断を"例外"と捉えてしまうかもしれないが、再転換は、最初の判断と完全に同列の単なる"行動のきっかけ"なのだ。むしろ、再転換のほうが重要だと解釈していいと私は考えている。

　上がってきた、逆行（下げ）の条件がそろって陰転した、しかし切り返して「再転換」した……上がってきたあと、陰転するほどの下げがあったのに再び強張ったのだから、みなさんの相場の経験に照らし合わせても、「ここから上げが加速する」くらいの発想が自然だろう。

　こんな状況に対しては機敏にドテン買い直すべきだという、まさに実践者の感覚が盛り込まれているのが、再転換のルールだ。だから、いきなり３分の２の建玉を行うわけである。

　「陽線の状態から陰転したあと再び陽転」というパターンで説明したが、通常の普通転換と同様に、再転換についても、逆の「陰線→陽線→陰線」というケースに適用する。ルールは、やはり上下をひっくり返すだけだ。

　また、普通転換の補助の「42分転換」についても、「再転換」が規定されている。

5-09 キザミの設定で転換のタイミングは変わる

　中源線ルールの中心である「普通転換」について、また補助の「42分転換」、そして重要な「再転換」について説明した。

　しかし、説明にあった「分」（ぶ）という単位が、気になっていると思う。1分を1円にするという設定しか示さなかったが、この値を変えることで中源線の判断が変化するのは当然だ。

　屈曲段は4分、それを3分抜くのが普通転換の第一の条件。このように値幅を条件にしているので、例えば、「1分＝1円」の設定に対して、1分の値を「2円」「3円」と大きくすれば、条件が厳しくなって転換は起こりにくくなる。

　1分を1円から2円にしただけで、屈曲段の条件は4円から2倍の8円に上がる。「3分抜く」は、3円から6円になる。このように、転換のハードルが上がるわけだ。

　もちろん、その分だけ鈍感になり、転換のタイミングが遅れることもあるのだが、1分の値を適正に設定することで、"不要なダマシ"を回避することにつながる。

　上げかけてから買い始める、下げかけてから売り始めるのが中源線の強弱判断だ。いわゆる、"順張り"のシステムといえる。

　中源線のように、システマティックに判断するうえで積極的な逆張りを用いるとどうなるか。大きな下げに対してひたすら買い下がる、あるいは、大暴騰の途中でかまわず売り上がる（カラ売りを重ねる）という、単に「逆行するポジション」をつくってしまいかねない。

したがって、中源線のようなロジック（判断基準）に合理性があるのだが、いつも想定どおりにトレンドが転換するとは限らず、「よし上だ！」と思わせるような動きからしぼんでしまったりするのも、ごく当たり前の出来事だ。

そういった現実を、どれだけ容認するかが相場の大きなポイントだ。予測しにくいフラフラした動きに対して「当てよう」と意気込んでルールづくりをすると、どんどん条件を重ね合わせ、開発者である自分自身にも扱いきれないほど肥大化してしまうからだ。

そんな誤った方向に進まず、陰陽転換のロジックは実にシンプルなまま、ほぼ半分の判断が見込み違いになることを容認し、3分割の機動的なポジション操作によって結果をコントロールしようとする中源線は、極めて実践的であり、現実をまっすぐに受け止めていると思う。

しかし、例えば300円前後の銘柄が「1分＝1円」の設定で心地よく転換したとして、3,000円の銘柄も同じ設定ではどうだろう。1分の値を、10円あるいは15円と大きくする必要があるのは当然だ。

さらに突っ込んで考えた場合、300円の銘柄について、1分を1円にするか、1.5円にするか、2円にするか……こうした追究があって然るべきだ。

仮に、「中源線の判断をチェックしながらも裁量による判断が中心」といったスタイルであったとしても、銘柄ごとの最適値、同じ銘柄が価格帯を変えたときの最適値を確認しておくのは、システマティックな判断を行ううえで基本だろう。

この点については、次項で解説する。

5-10 確固たる答えを示す

　相場は、生き物のように変化する値動きを相手にする。ヘンな例えかもしれないが、ものすごく気分屋でわがままな彼氏、あるいは彼女とつき合うようなものだ。

　相手の気分次第で対応が変わる。かといって、それほど器用に相手をすることもできないので、言葉や行動が否定されてもガマンする。でも、お互いの波長が合ったときは積極的に楽しむ。

　ポイントとなるのは、「相手の気分次第で対応が変わる」「言葉や行動が否定されてもガマンする」の2つだ。

　相場に当てはめると、「さまざまな値動きに対応したい」「しかし、行き当たりばったりは避け、"手が合わない"ケースを容認する」ということである。

　裁量トレードにおける決め事は、限度があるものの、少し幅のある設定になる。臨機応変というやつだ。

　中源線のキザミ設定はどうか？　常に直近の動きに合わせて最適化していたら、基本となる対応が行き当たりばったりになるので、ダマシが出ることを容認して"そこそこ機能する"設定値、"大きな損にならない"設定値を求め、それを継続して使うのが基本だ。

　林投資研究所では2015年、中源線の研究を進める一環で、上場全銘柄を対象に中源線の判断を行う「中源線シグナル配信」のサービスを開始した。私たちは、最長31年間の過去データを使ってパフォーマンスを検証し、最適と思える値を導き出したのだ。

「最適」というのは、単純にパフォーマンスを計算した結果ではない。前述のように、"そこそこ"の設定にしないと、実用性のない決め事になってしまうからである。

機械的な判断において、まずは「最高のパフォーマンス」になる値を求める。しかし、内容を細かくチェックすると疑問が生じる場合もあるのだ。

例えば、「バブルの上げ相場で驚くほど利益が出たが、それ以降は鳴かず飛ばず……」という設定値だったら、未来に向けて使ううえでは不安だろう。その銘柄の値動きが中源線と合わなくなったというケースもあるが、キザミ値を変えると長い期間で"そこそこ"実用的な設定になるケースもある。

「中源線シグナル配信」では、こういった細かい観察を経てキザミ値を決めた。設定値を決めたら継続して使うのが基本とはいえ、定期的に検証して変更を議論することこそが相場の研究で、変更しない場合は「変更の必要なし」という結論を出すことに大きな意味がある。

でも、まずは最適と思える値を導き出すことが実践するための条件だろう。ひとつの「答え」を出さないと、売買は実行できない。

「中源線シグナル配信」におけるキザミ設定は、上場全銘柄それぞれで異なる。また、各銘柄について、価格帯ごとに変化させている。これも銘柄によって設定が異なり、300円ごとにキザミ値を大きくしていく銘柄もあれば、500円ごとに変えていく銘柄もある。

研究は続くが、「中源線シグナル配信」の設定は、現時点における林投資研究所の確固たる「答え」である。

5-11 実際に中源線を引いてみる

　中源線は、終値の折れ線チャートを使ったシンプルなパターン分析によって、強弱（陰陽）だけでなく、ポジションの操作まで機械的に行う手法である。

　その土台となるのは、単なる「計算」だけでなく、「人間」の感覚も大切にした"対応の方法"だ。

　だから、最終的にコンピュータ任せの「計算」重視で売買していくとしても、中源線の思想、その根底にある「人間」の発想まで深く理解することが絶対に必要なのだ。

　中源線という"ツール"を迷いながら使うのではなく、使いこなす域まで到達する必要があるということだ。

　中源線の個々のルールについては、説明を聞けば短時間で「なるほど」と納得できるだろう。だが、体系的に納得することが、中源線の真の理解なのだ。

　まずは、実際に中源線のチャートを引きながらルールを理解し、自分の感覚と中源線の判断を一致させることが不可欠である。

　これを達成するだけで、チャートを見たときに自分でスイッチを入れて「中源線のモード」に切り替える、そんなことが可能になる。

　ローソクの日足を見ても「中源線なら、ここで転換しているかな？」と想像できるし、色分けされていない日足の折れ線チャートを見れば転換のポイントを見つけて、「おっ、中源線が合うかもしれない」くらいのことを考えられるということだ。

しかし、本来の自分がもっている感覚や相場観が消えることはない。今まで使ってきた感覚とは別に、新たに中源線の感覚が芽生え、基準を替えて観察することが容易になるのだ。

　すると、比較による中源線の評価が生まれる。長所のみならず弱点を把握することで、中源線の「特性」を頭とからだで感じ取ることができるのだ。

　経験が豊富な分野でも、今まで手がけたことのない新しい基準に出会ったら、それを"自分のもの"にするために実験や練習を繰り返すだろう。

　例えば、車の運転が上手な人は、初めて乗る車種でもうまく乗りこなすが、車種ごとの微妙なクセは、乗り回すことでつかみ取る。さまざまな状況を実際に経験して体感することで、「なるほど」と納得するのだ。

　相場は、頭の中だけで実行できる──多くの人がもつキケンな認識である。頭でわかっていたって、いざその場になると、からだが動かないのが人間だ。

　オリンピックに出場するほどのスポーツ選手は、それこそ単純な動作を反復練習し、肉体とマインドが一体となって機械のように動く。反射的に理想の動きを実現できるほどのレベルだろう。

　しかし、試合で緊張した状態だと、わずかな不安が大きなミスを生んだりする。だから、メンタル面の強化にも力を注ぐのだ。

　ましてや、ふだんは本業に集中しなければならない個人投資家が、命の次に大切なカネを動かしながら決断を迫られるのだから、地味な下準備をとことんやっても、やりすぎになることなどない。

ルールの解説を聞いて「よし、理解した」と、いきなり大きな数量で売買をスタートする人がいるが、十中八九は思わぬ値動きに戸惑って大きな失敗をする。

　飽きるほど、いや、実際に飽きてしまうまで、いろいろな銘柄のチャートを引くことが必要だと私は思う。単なる苦行には意味などないが、「自分はできる」という強い気持ちを宿すのは、競争の中で勝つための条件ではないだろうか。

5-12　基本は「普通転換」

　さて、ルールをひととおり理解しても、実際に線を引くと迷うものだ。慣れていないからである。

　個々のルールはシンプルなので、それぞれの背景を考えて納得できるし、数学のテストで公式を丸暗記するような、浮ついた状態にはならないだろう。

　しかし、複数のルールを同時に考えることに慣れていない段階では、たまには頭が真っ白になる場面もあると思う。

　でも、順序よく進んでいけば問題ない。

　まず、終値を点で描くことは誰にでもできる。位取りを間違えないように注意しながら、1,000円未満の銘柄について、タテ方向の1㎜を1円として描いてみよう。

　ヨコ方向には、1日2㎜進む。休日でも間は空けず、金曜日の終値の2㎜右に月曜日の終値を描くだけだ。

最初は、普通転換だけに気をつけて転換を探してほしい。中源線は、逆行に注意するのがポイントだ。普通転換の基準となる屈曲段は逆行、そのあと"転換に至る"動きも逆行だ。逆行と逆行の組み合わせで転換を判断するのが、中源線の普通転換なのだ。

　順行は基本的に放置、逆行が一定条件を満たしたら転換――この感覚に、自分自身を同調させるのが、中源線を覚える第一歩である。

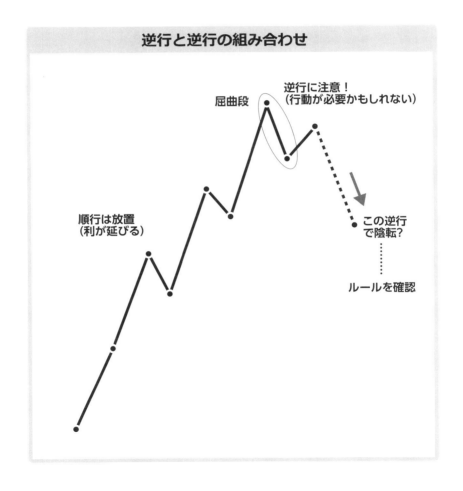

5-13 「42分転換」と「再転換」に注意

屈曲段を見つけて転換を判断する普通転換の感覚に慣れたら、42分転換にも気を配る。

「普通転換の条件がそろわない。でも、トレンドが変わったと思え

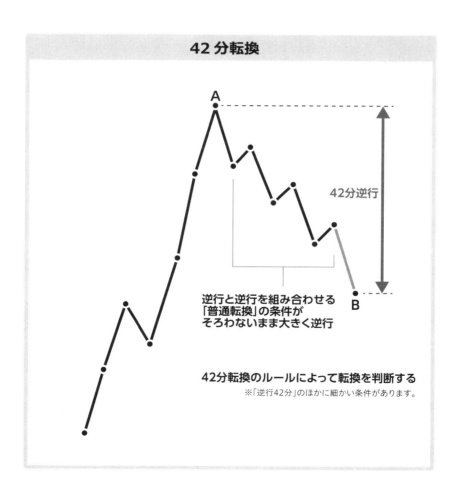

42分転換

42分逆行

逆行と逆行を組み合わせる
「普通転換」の条件が
そろわないまま大きく逆行

42分転換のルールによって転換を判断する
※「逆行42分」のほかに細かい条件があります。

るほど逆行が続いているなぁ」

こんな値運びのときに、「42分転換はあるかな？」と注意するのだ。

しかし、普通転換と42分転換をマスターしても、中源線の転換について全体をつかんだとはいえない。

「重要だ」と前述した、再転換が残っている。

中源線では意外とアッサリ、転換を判断する。そのかわり、転換直後は再転換の可能性を残し、「やっぱり前のトレンドが続いていた」と再びドテンする、実に素早い行動にそなえているのだ。

転換のあとは、必ず再転換に注意している必要がある。

書籍『新版 中源線建玉法』を読むときは、再転換をしっかりと学ぶように努めてほしい。

5-14 中源線を「道具」として使いこなす

中源線の基本である普通転換の場合、条件がそろって再転換の可能性がなくなる、つまり「転換の確度は高い」と判断した時点で、増し玉が"解禁"される。一定の逆行をみて、逆張りで増し玉を行うのだ。

普通転換、普通転換の再転換、42分転換、42分転換の再転換と、4種類の陰陽転換があり、そのうえでポジション操作があるので、丸暗記するように一気に覚えようとすると混乱する。学習する気持ちが続かなくなることもある。

でも、普通転換のルールと意味を理解すれば、補助としての42分転換をすんなり理解できるし、実際の値動きを想像し、ポジションを

抱える実践者の実感を想像すれば、再転換の意味もスムーズに飲み込めるだろう。

　そして、「相場は予測を当てることではない」という実践的な考え方でポジション操作を考えれば、中源線の分割売買ルールが、その意味とともにすんなりと頭の中に入ってくる。

　中源線は、売買を行うための"道具"である。機械的な判断を行うといっても、勝手にカネ儲けをしてくれる打ち出の小槌ではない。

　道具が優れているほうが良い結果を得られるのが道理だが、「道具が良ければうまくいく」などという公式は成り立たない。道具の特徴、特性を熟知し、それを使いこなす腕前が求められる。

　中源線の場合、ルールを覚えればチャートを引くことができる。陰陽の判断とともに、3分割の売り買いがわかる。

　しかし、ルールを覚えただけでは、自動車でいえば、基本的な性能や機能、スイッチ類の場所を知った程度の状態だ。

　実際に運転することで車の特性を感じ取る、いろいろな状況を経験することで細かい操作がからだに落とし込まれて反射的に動けるようになるのだ。

　そして、その経験がさらに蓄積され、その車を"乗りこなす"状態に進む。すると、安全に走行しながらもムダのない走り方、同乗者にも気を配った質の高い運転が可能になる。

　中源線についても、相場の単純な判断である「売り」「買い」が示されたら終わりなどと考えず、きちんと使いこなす状態を意識してほしい。陰陽の転換を見逃したり、「えっ、転換なの？」と所在ない気持ちになるようでは、中源線についてはまだ初心者だ。

中源線と一致した感覚があれば、転換を見逃さないのは当然のことで、予想外の転換についても「そうだね。転換だね」と、淡々とした受け止め方ができるはずである。

　この段階になってはじめて、中源線を自分なりに使っていくことを、落ち着いて考えることができるのだ。

　最終的には、裁量による休みや、自分なりのルールのアレンジもあるだろう。しかし、もっと手前の段階で、銘柄選び、銘柄の組み合わせ、パラメータ（キザミ値）の設定を考えることも求められる。

　つまり、「中源線の通りに売買を続ける」だけでも、自分で考えて自分で決めなければならないことが、実にたくさんあるのだ。

　中源線を熟知して、余裕ある状態でチャートを引くことができる、完成された中源線チャートを見て深い考察ができる——こういったレベルに到達してほしい。

　以前は見えなかったものが見えるようになり、相場の悩みを上回るワクワク感を得られるだろう。

　このレベルになれば、器用な使い分けも可能だ。単純な折れ線チャートを見て、日柄を重視して株価を観測するのも、パッと切り替えて中源線の転換点を見つけるのも、造作ないことである。

　中源線を学びながらも、将来的なアレンジを想像するのが自然だと思う。順序やプロセスを大切に考え、丁寧な進め方を心がけてほしい。

　相場というのは、「勝った人が浮かれてムリをして大損する」「損した人は取り返そうとムリをして大損する」というのが基本的な構図だからである。

第 **6** 章

中源線の活用と運用上の注意

私たち相場を行う者は、現場ですべてを判断して即、実行に移す"プレーヤー"である。

　ポジションを持たない状態で理論を考える時間もあるが、実際の売り買いは、スポーツと同じ反射的な行動だ。

　だから、手がける手法について理屈で理解するだけでなく、からだで納得していることが求められる。

　株価は予測不能だ。だからこそ、「計画的」な売買を継続することが求められるのだ。

　決断を迫られる場面では必ず緊張した状態だから、値動きを考えることよりも、自分を完ぺきにコントロールすることの重要性が高いといえよう。

　熟練した状態に到達するためには、盲点になりがちな部分、見えていながらも考えずにすませてしまっている事柄について、とことん考えて明確な答えを出すことが第一である。

　その次に、脳だけでなく「心」も伴う理解に至る、言い換えると、"心の底から納得した状態になる"ことが必要なのだ。

6-01 中源線は システムトレードなのか（1）

　ここで、ちょっと深い話を展開してみよう。深い理由は、中源線という手法が「単なる機械的判断法」か「システムトレード」と呼ぶべきかについて、誰もが納得する共通の答えが存在しないからだ。

　私なりの見解を述べるので、手法、そして手法の一要素である予測法、相場を張るとは何か、といった事柄について、ちょっと脳みそに汗をかいてほしい。

　中源線は、すべての売り買いについて、明確なルールで規定されている。資金稼働率も、最大で50％と決められている。つまり、裁量を入れず、完全に機械的な判断に従いながら"規定通り"売買する道が示されているのだ。

　単純に考えれば、いまFX取引を中心に流行の「システムトレード」の方法と同じだ。

　しかし中源線の場合、ルールが極めてシンプルで、最大公約数的な判断方法なので、多少のアレンジを加える余地が十分にあるといえる。アレンジといっても、システムトレード的な発想でロジック（ルールの公式）をいじくり回す前に、もっと泥くさい取り組み方がある。

　そのひとつが、人間の判断で「休みを入れる」ことだ。

　例えば、高値から少し下げて中源線が陰転し、シグナル通りに売りを仕掛けた、とする。そのあと少し下げが続いただけの状態で陽転し、明らかに日柄不足、つまり因果玉の整理がついていないと強く感じたとしよう。

ここで、規定通りの行動から意図的に離れる選択肢がある。

　例えば、「短期間の上げ下げで判断する中源線の弱みが出たのだろう。ダマシになりそうだ」と判断し、「中源線を見ている以上は売り玉を手仕舞いするが、ドテン買わずにポジションがゼロのまま次の陰転を待つ」と決断する、といった裁量による行動である。

　ところが実際は、そんな裁量の思惑が外れ、短期間のうちに大きく上伸することもある。

　「中源線の弱みが出て陽転した」のではなく、機敏に反応する「中源線の強みが出た」結果かもしれないのだ。

　下げトレンドに移ったと思ったら切り返して上値を取った――まさに、逃したくない動き、大相場を予見させる動きだ。

　そもそも、自己の裁量、自身による思惑では上手に立ち回れない、少なくとも、混乱を避けるのが難しい、といった理由から中源線を利用しているはずなのに、中源線を引きながら「中源線の当たり外れを自分の手で当てよう」ということだ。

　プレーヤーにとって当たり前の創意工夫のようでいて、無理難題の大矛盾を抱える取り組み方ともいえる。

　しかし、生身の人間はポジションを持つことでストレスを受けるので、適度に休む期間があって当然、という考えは大切にしたいとも思う。書籍『新版 中源線建玉法』でも、この点を強調している。

　すると、矛盾を生じさせないために、値動き以外の要素で休みを取ろう、という発想にたどり着くかもしれない。大きく取れたあとは休む、悔しいと感じるほどの損を出したあとは休む、本業の繁忙期にはポジションを取らない、等々。

ところが、たまたま休んだ時期に、中源線の判断基準にピッタリの大きな値動きがあったら……こう考えると、やはり値動きを気にしながら休む時期をつくりたくなるだろう。

こうして、前述したように、矛盾が生じて混乱してしまい、堂々巡りとなるのだ。

迷いを断ち切った優秀なプレーヤーでさえ、多くのことに悩む。

しかし、何らかの基準をもって対応を明確にする、そこを目指して悩みと向き合うことこそ、相場を張るという行為なのだろう。

6-02 中源線はシステムトレードなのか(2)

前項では、生身の人間である以上、適度な休みの期間が必要との前提で話を展開した。のべつポジションを持っていたら、精神的に疲れてしまう、へたをするとノイローゼになるといった発想で、自分自身を大切に扱うわけだ。

しかし、それを否定する考え方もある。「回数を重ねればプラスになる計算があるのなら、それに従って売買し続けるべきだ」という論理だ。

現在は、コンピュータの発達とインターネットの普及によって、コンピュータプログラムによる売買の自動執行も個人の手の届くところにきた。そのため、一部の実践家が、従来の相場技術とは全く相容れないアプローチをしているのだ。

相場師と呼ばれる人たちのアプローチは元来、自分の得意技をもち、

その得意技が機能する（利益となる）値動き、あるいは銘柄に絞り込んで良い結果を得るというものだった。

中源線は"最大公約数"的なルールとはいっても、元来の相場師の発想で構築されたものだ。人間の感覚を基にした張り方において、「行動様式としての精度」を求める姿勢である。しかし、その考え方を無視するアプローチがあるのだ。

拙著『億を稼ぐトレーダーたち』に登場する、コンピュータトレーディングのプロ、柳葉輝氏の章から、彼の説明を引用してみよう。

精度の低いバカなやり方でもいい、たとえ51勝49敗でもいいから、それを1万回繰り返せばいいのだと考えました。

「職人的に行動範囲を絞り込んで1人で1億円稼ごう」という姿勢に対して私は、「1万円しか稼げない配下を1万人持とう」と考えたわけです。実際に人を雇うには、相場とは関係ない管理術とか経営のセンスなどが必要です。でもコンピュータトレーディングならば、仮想の配下をほぼ無限に持つことができます。

私にとって、相場の世界は過酷すぎるのです。自分だけの力で結果を出すことはできません。（引用終わり）

「儲かる数式があればいい」という表現は語弊があるかもしれないが、個人的な技術、さまざまな値動きへの対応力といった発想を、見事に切り捨てた姿勢として面白いと思う。

株式市場で売り買いして利益を生む——目指すところは全く同じなのに大きな差がある、いや、完全に異次元といえる思考なのだ。

コンピュータを使ったトレードシステムは、生身の人間の発想を基につくり上げることができる。「〇〇といった動きに対して買うと利益になることが多い。それをルール化しよう」という入り方である。
　しかし、値動きの事象から売買ルールを見つける入り方も成立する。前述の柳葉氏しかりだ。
　一方、生身の人間の発想からスタートしても、仕上げていく段階で「儲かる数式探し」の観点を加えることもあるだろう。
　その中で、裁量的な人間の行動を数式に落とし込んだ中源線は、どこかでシステムトレードとは一線を画した存在だといえるのだ。
　以上のような考察から私は、中源線について、システムトレードとは異なるものだと述べたが、機械的な判断で行動が規定されている点を取り上げて「同じだ」と解釈する向きもあるだろう。
　カレーライスについて、「カレーは飲み物だ」という言葉がある。そして実際に、『カレーは飲み物』という名前のカレー店が存在する。ほとんどの人が「食べ物」だと認識しているから、こんな表現が面白くてインパクトがあるのだ。「カレーは飲み物か食べ物か」と真剣に議論したら、非常に興味深いものになりそうだが、結論は、どちらでもいいはずである。
　日本語と英語の対訳では、飲むは「drink」、食べるは「eat」だが、スープを飲む場合は通常「eat」を使う。ところが、カップに口をつけて飲む場合は「drink」だったりする。
　日常生活で使う言葉を持ち出しても相場の説明にはならないと反論されるかもしれないが、要するに、言葉の定義では「どうでもいい」「どちらでもいい」ということだ。

そもそも、市場の株価は、「売り」と「買い」という、真っ向から対立する意思によって成立する。参加者の誰もが「自分だけ利益になればいい」と、純粋な利己主義で行動しているのだが、その結果として売りと買いが出合い、株価が決まるのだ。そして、誰も明日の価格すらわからない状態にある――これが、紛れもない事実である。

　また、スポーツのように、日時、対戦相手、対戦方法などが決められていない。数量も資金稼働率も自由だし、いつ買うかも自由なら、いつ売るかも自由、すべて自分勝手に決めることが可能だ。

　株式市場を取り巻く情報に目を向けると、あたかも未来を見てきたかのような発言があったり、どこかに"正確"な答えが存在すると錯覚させる説明が飛び交っていたりするのだが、未知の未来を考える絶対の基準はあり得ない。プレーヤーが100人いれば、100通りの基準、"100通りの真実"があるはずだ。

　中源線をどんな存在に分類するかは、冒頭で「誰もが納得する共通の答えが存在しない」と示したように、どうでもいいことなのである。

　ただ、実践するあなた自身が明確な答えを出さないと、永遠に迷走してしまうことだけは間違いない。

6-03 中源線研究の三本柱

　『中源線建玉法』の書籍は、1974年が初版である。それ以降、ルールの変更はない。ルールがシンプルかつ十分に機能することから、変更する必要がなかったからだ。

初版から約40年の歳月で、実践者は少しずつ増えてきた。しかし、地味な説明しかなかったために、利用する人は限定的だった。「すぐに儲かる」と思わせるようなハレンチな宣伝をしていないため、利用者が増えたといっても限定的なのだ。

　そんな中、「一時的にでも中源線の世界にどっぷりと浸かってみる体験は、多くの人に有効だ」と確信した私は行動を取った。「中源線研究会」を立ち上げて多くの人に参加を呼びかけたあと、ルール解説のセミナーを開催した。インターネット放送「マーケット・スクランブル」でも、中源線をひんぱんに取り上げて解説している。

　一般投資家向けの、環境づくりである。

　その一環として、林投資研究所が定期発行する『研究部会報』にも、「中源線実践リポート」を連載している。

　中源線研究会の参加者、そして『研究部会報』の読者（会員）を中心に、中源線に関する疑問などを集めながら説明の言葉をより洗練されたものにしていく、さらには新しい発想を具現化していくといった幅広い活動を、「中源線研究」と位置づけている。

　この中源線研究において私は、3つの柱を立てた。

　1つめは、従来通りの使い方、つまりプレーヤー個人の感覚を重視した利用法について考えることだ。泥くさい感覚を盛り込む、裁量を入れることも視野に入れる、という古典的な姿勢である。

　2つめは、「中源線はシステムトレードである」との前提でアプローチし、規定通りに売買し続けることを考える路線。例外をつくらず、例外的な対応をしたいなら、それをルール化するということだ。

　3つめは、上記2つを融合させたアプローチである。

こうして範囲を広げると、必然的に"イバラの道"を歩むことになるのだが、百も承知で３つの柱を決定した。

　最近は、「AI（人工知能）で相場予測する」といった構想が新聞に取り上げられるなど、コンピュータの能力を駆使した新しい試みが生まれているようだ。

　しかし、一部の参加者の判断が実際の価格動向に影響を与え、それが全く予期せぬ新しい流れを生み出すという市場の構造がある以上、安易にAIを使ってみても、利用する者を満足させることはできないだろう。

　正しい相場の経験を基に試行錯誤するプロセスがあってはじめて、実用性のあるノウハウが生み出されると確信している。そこには、単なる机上の論理では片づけられない深いものがあるため、プレーヤーの心理など相場の機微にかかわる事柄も絡んでくるわけだ。

　だから"イバラの道"と述べたのだが、ある意味、必然的に幅広く考えることになり、そこに強みが生まれると考えている。

6-04 シンプルな基準を貫く

　中源線の利用者が少しずつ増えている理由は、中源線のロジックが実用的だからである。

　予測の的中率を上げたいがために、無理やり条件を重ねてしまう事例があるが、そんなことをせずに堂々と、シンプルな強弱判断の基準と、同じくシンプルな３分割の売買にとどめているのだ。

「プレーヤーが100人いれば、100通りの基準、"100通りの真実"がある」と述べたが、1人のプレーヤーが2つ、あるいは3つの基準を同時に利用するのはどうなのか——私は真っ向から否定する。それをやってしまうと相場難民化し、迷路をさまよい続けることになる。

　往来相場を逆張りで取る、つまり高くなったら売り、安くなったら買うという動作を繰り返す人は、往来を上抜けして暴騰する場面で利益を出すことができない。

　買いポジションの利食い手仕舞いを進めながらドテン売り越したところ、期待以上に強くて上にブレイクした……こうなったら、仕方がない。売りポジションを踏んで損を出し、休みを決断するだけだ。

　往来を逆張りで取り、もし上にブレイクしたら順張りで乗るなんて芸当はできない。季節に応じて、八百屋と魚屋を入れ替えるようなもので、全く現実味のない話なのだ。

　でも、多くの人がもつ錯覚、「相場は頭の中でできる」との発想から、複数の基準をミックスして"臨機応変"に売買しようとするケースが、当たり前のようにみられる。頭の中ではできそうでも、いざとなると"からだ"が動かないので、結果は出ないし混乱もする。自分がどこに向かっているのかを見失うほど混乱するだろう。

　100通りの基準のうち、1つだけを選んで実行するのが王道なのだ。残りの99は、残念ながら捨てるしかないのである。

　そして、選んだ1つに全力を注ぎ、その手法が機能するとき、つまり"手が合う"場面で着実に利益を取り、手が合わないときの損を抑えるべく努力する。こんな泥くさい作業を続けることで、どうにかこうにか、一定期間の差し引きをプラスにすることができるのだ。

6-05 中源線を身につける

　中源線のルールを覚える過程では、少しだけ頭の中が忙しいだろう。でも、ルールがシンプルなので、全体像が見えた段階で感覚と一致し始める。そして、何か物足りない、もっと条件を追加したほうがいいかもしれない、と創造性が刺激されるだろう。

　実際に売買をスタートしたあと、手が合わない期間が続いて連敗したときなどは、「なんとかしなくちゃ」と躍起になるかもしれない。

　もちろん、そういう思考こそがトレーダー、株式市場で売買する"プレーヤー"のシゴトなのだが、まずはルール通りにやり、少なくとも1年間くらい経験したあとで、落ち着いて考えてみてほしい。

　一定期間は、目先の損益よりも、新しいやり方を「身につける」ための練習売買、実験売買をやってほしいということだ。

　多くの人が、少し勉強した段階で大きな売買を試みる。そこには「儲かるはずだ」という悪い思い込みがあるので、最後まで突進してしまう。常識的な慎重さを持ち合わせた人でも、「相場は頭の中でできる」という錯覚によって、早すぎる段階で本格的な売買をスタートさせてしまうのだ。十分に注意してほしい点だ。

　とことんシンプルであることが、相場において極めて重要なのだ。

　どんな分野でも、プロの思考はものすごくシンプルだし、相場では、カネの増減という生々しい結果が感情を揺さぶるので、なおさらシンプルに考える必要がある。

　だが、ごくふつうの感覚だと、「やっている感」がほしくなる。

つい、余分な力が入る。中源線のルールが堂々とシンプルな姿勢を貫いている分、人間のほうが余計なアクションを起こしたくなるという心理もありそうだ。

そんな心理的な偏りも含めて自分自身を観察するためにも、焦らずに練習、実験を十分に行い、いろいろなパターンの値動きを経験して中源線を深く理解するべきだ。

私が多くの個人投資家と接してきて感じるのは、「常識的な人が慎重に考えて出した結論なのに、いささか盛りすぎている、できないことをやろうとしている」ということだ。

"ここまでやりたい"という設定を、バサッと半分落としてしまうくらいが現実的なんだと、頭の隅に置いて実践に臨んでほしい。相場は逃げない——多くの実践家が、戒めとしてつぶやく言葉である。

6-06 分割による建玉操作(1) なぜ分割するのか？

中源線の3分割について考えてみる。

なぜ分割なのか？ なぜ3回なのか？——これを納得しないと、本当の意味で感覚と一致しないかもしれない。

実は、この問題も捉え方は人それぞれなのだが、私自身が平易だと考えている認識を紹介しよう。

普通転換を説明した際に触れたが、3分割の1回目は「試し玉」である。逆行に注目して「トレンドが変わったのだろう」と行動に出るうえで、まずは試しの玉、すなわち「斥候(せっこう)」を出動させるのだ。

一点狙いで満玉を張れば、絵に描いたような値動きが発生したときはいいのだが、ダマシだったときに固まったままになる。どんどん損が膨らむ方向に動く株価を、黙って見ていることになってしまうのだ。
　分割の比率は、実践する人の考え方や手法によって異なるが、とにかく"一部分だけ出動"するのが大原則だ。
　3分割の1回目が「試し玉」と位置づけられるのに対して、2回目と3回目は「本玉」と呼ぶことができる。
　斥候、つまり偵察隊が出動して状況を把握し、「よしいける」と判断した時点で本隊が進軍する、というイメージだ。
　分割の2回目と3回目を建てるか否かについて、中源線のルールでは明確な条件が決められている。
　単純に3回の分割を行うだけでも"日柄の分散"というリスクコントロールの効果があるのだが、それに加えて「本玉を入れるか、まだか」を明確に判断するところが、中源線ルールの特徴的な部分だ。
　まずは行動に移す（試し玉）、そして「よしいける」「トレンド転換はホンモノだ」と判断したら増し玉していく（本玉）――まさに、実践家が"相場を張る"感覚が、シンプルかつ合理的なルールとして定められているのである。
　複雑な数式を利用しても、人間の感性や感覚には勝てない。しかし人間の感性や感覚には「感情」というやっかいなものが付随しているため、自分で決めた通りの行動を取れないケースがあるのだ。
　「これは例外だ」などと臨機応変な対応を試みたときに限って方向違いで大きな損失を出したり、手を出さずに利益の大チャンスを逃してしまうものである。

日々の値動きは、ゆるやかなものとは決まっていない。むしろ、突飛な部分がある。それを捉えようとしているのが、中源線のルールなのだ。

　少し突飛な部分がある、だから日々の終値を結ぶことでジグザグのチャートになる、そのなかで「順行」と「逆行」を区別してトレンド判断に結びつけているのである。

　ところが、当然のように、突飛すぎるときもある。残念なことに、想定を外れてしまう値動きパターンだ。そんな場合、「ほらね。これはダマシだと思ったんだよ」ということになるのだが、こういった個々の事象を取り上げて裁量を加えてしまうのは混乱の元だ。

　「あと一歩、何かが足りない……」と思い悩んで創意工夫を試みることこそが実践者のシゴトとはいえ、いともカンタンにブレてしまう。相場というのはデリケートで、バランス感覚を要求されるゲームだと、つくづく思う。

6-07 分割による建玉操作（2）なぜ3回なのか？

　中源線は、ポジションを3分割する。予測というものは、どうしても当たったり外れたりするので、当たることだけを前提に全力で行動してはいけないからだ。

　中源線では、日々の終値を結んだ線を、陰線（売り線）か陽線（買い線）か、どちらかに区別する。「中立」という判断はなく、"意図的な休み"を利用者の裁量に委ねているだけだ。

陽線（買い線）のときは買いポジションを３分割で増減させ、陰線（売り線）のときはカラ売りを３分割で増減させる。

陰陽の判断が変われば、買いから売り、あるいは売りから買いへとポジションをドテンする。複雑になりがちな両建ては行わない。

ポジションは買いか売りのどちらか一方のみ、しかし、３回の分割で数量を増減させて値動きに対応する。

では、なぜ分割の回数が「３回」なのか。私が中源線を学んだ時には、すでに３回と決まっていたのだが、私なりの感覚で理由を説明することはできる。

まず、単発の売買が望ましくないのは、何度も述べた通りだ。

分割が必須で、最低でも２回の分割を行うことで、「状況を見ながらポジションを増減させる」というプロのステージに上がることができる。分割は、手法の始まりなのだ。

しかし、たったの２回では、細やかな対応とは呼べない。そこで分割の回数を増やしたいのだが、例えば10回に増やしたら、分割の理論が複雑になりすぎる。それに、やたらと回数を増やしすぎると、チャンスに乗り遅れてしまうこともあるだろう。

陰陽転換となる初動を見て買い始める、転換の確度は高いと判断して買い増しするという規定において、やはり３回が使いやすい、わかりやすい、分割を実行しながらも値動きに遅れることが少ないといったことから、妥当だと納得できるのだ。

もっと長い期間の波動を見ながら仕込む場合なら、回数が多くなることもあるだろうが、そんな場合も「３」という数字を基に考えていくほうが整理しやすい。

例えば、仕込みの期間を３つの段階に分ける。そして、それぞれの期間をさらに３分割すると合計９回に分けながらも、「今どの段階か」を明確に意識することができる。

　動作をそろえるときのかけ声は「１、２、３」、失敗したときは「三度目の正直」、野球は３アウトでチェンジなど、３という数字は不思議なくらい扱いやすいのではないだろうか。

6-08 ブラックボックスの罠

　世の中には、さまざまな売買ツールがある。インターネットが発達して以降、その数は膨大に膨れあがっているはずだ。しかし、「売買ツール」とうたいながらも、手法として成り立っているものはごく少数ではないかと感じるのだ。

　株式市場には、相当に古い時代から、怪しげな予測法が存在している。ちょっと期待してしまうようなネーミング、ちょっと信憑性がありそうな理屈……でも当たらない……いや、神様のように先行きを見通せると期待する投資家のほうが間違っているのだろう。

　例えば「買い場」だけを示すソフトなどは、手法として成り立っていないどころか、手法に近づこうともしていないと断言できる。

　さて、一定の理論に具体的なポジション操作の指示が付随していれば、カタチとしては「手法」だが、どうしても"当てるための予測法"という色彩が強いものばかりだ。実用性に欠け、短期的に利益が出たとしても、ある程度の期間では収支ゼロ、つまり手数料や経費分

だけマイナスになるのが必然というシロモノである。

　検証した結果が示されていると、「これを使うしかない」と興奮して飛びつきたくなるだろう。しかし、例えば直近の1年間や2年間で最高の成績になるように調整する、つまりパラメータを調節すれば、魔法のように素晴らしい数字を示すことができるのだ。

　未知の将来に向けて利用するのは開発者自身でも恐ろしくてムリ、でも過去1年や2年に限ってならば、光り輝く数字を「実績」として宣伝することができる、というカラクリだ。

　そもそも、"売買ツール"として「お手軽に使えます」と宣伝しているものは、ほとんどの場合、ロジック（根底の理論と判断基準）が非公開である。完全なるブラックボックスなのだ。

　つまり、根拠が不明の占い、亀の甲羅を使った"神のお告げ"と同じで、結果的に儲かったり損したりの単なる運任せ、うまく利益が出たとしても、相場の勉強には役立たない。

　売買を実践するプレーヤーとしては、時間が許す範囲で、技術、対応力、判断力を高めなければならない。意味を理解できない「売り」「買い」というシグナルだけで大切な資金を動かすなんて、社会人として絶対に避けなければならないことだ。

　仮に、中源線のルールを公開せず、秘密めいた説明を前面に出したとする。おそらく、努力せずに儲けたいと考える多数の人が興味を示すだろう。

　「きちんと学んで理解してください」などと、まどろっこしいことを言わずに、「儲かりまっせ！」的なニオイを発して売買指示だけを発信したら、面白いように売れるかもしれない。

判断能力が著しく劣る人だけが飛びつくのではない。常識的なオトナが、うっかり錯覚して手を出すからだ。

株式市場では、多くの常識人が錯覚に陥っている。カネの魔力も働くのだろうが、株式市場のドラマを色つきで表現する派手な情報が多いことが最大の原因なのかもしれない。

「予測法」だけでは、どんな天才でも収支ゼロ以上は期待できないのだ。確固たる理論があり、ポジション操作の具体的な方法論があり、なおかつ資金稼働率を決める資金管理（マネーマネジメント）の考え方までないと、本当の意味での利用価値はない。

もしも、怪しげなツールで利益が出たとしたら、それこそサイアクの結果だと思う。二匹目のドジョウを求めて、永遠に他人の情報を探し続ける「相場難民」に堕ちてしまうからだ。

6-09 トレードの「守・破・離」

前項で、「学ぶ」「技術、対応力、判断力を高める」「能力を高める」という表現を使った。

常識的なオトナならば、ものごとには上手下手があり、工夫や努力によって上手になっていくことを知っているはずだ。しかし、こと株式の売買に関しては、そのプロセスを考えない傾向があるのだ。

もしかしたら、プロセスはある、でも知識や理解によって超短期的に到達できる、というイメージかもしれない。何度も述べた、「相場は頭の中でできる」という錯覚である。

万人に共通する錯覚、好ましくない"思い込み"が生じる分野なのかもしれないが、いずれにしても、多くの人が道を急ぐ傾向がある。
　「守破離(しゅはり)」という言葉がある。
　日本の伝統的な武道、茶道といった分野に古くからある表現らしいのだが、道を極めるうえでの師弟関係のあり方や、上達していく道筋を示している。
　「守」は最初の段階で、まずは師匠の教えの通りにやってみることである。人生経験があれば「それはちがうのでは……」と疑問を感じる部分もあるだろうが、とにもかくにも言われた通りに実践してみるということだ。料理の初心者ならば、四の五の言わずにレシピ通りに作ってみろ、ということである。
　どんな流派でも、長所があると同時に、表裏一体の欠点がある。その欠点が見えていたとしても、両者は切り離せないもの、一体化したものと認識し、すべてを受け入れて実行してみる、ということだ。
　次の段階が「破」。教えを守り、わかるだけでなく"できる"ようになったら、つまり、経験を積んで技術を身につけたら、徐々に自分の感性なり個性を出していこうということだろう。師匠の教えを部分的に否定しながら、新しい道を模索し始めるわけだ。
　最後の「離」は、完全に自分流を構築する段階だ。師匠の教えを否定する、ということではないはずだ。師の教えから離れて自らの道を歩み始める、真の意味で「完成」に向かう段階といえるのだろう。
　さて、相場を理屈だけで片づけようとすると、守も破も離もみんな短縮形になってしまう。考え方だけで行動がガラリと変わるのは間違いないが、すべてのマーケット参加者が同じ条件を持っている。

したがって、理解していることを実行できるかどうか、いざというときに"からだが動くか"といった実行力が明暗を分けるのだ。
　中源線のシンプルなルールを、ひととおり覚えれば、その段階で「破」や「離」を容易に想像できてしまう。
　それでも多くの人が、オトナとして、「１年間くらいは、銘柄を限定して中源線の規定通りに売買するべきですよね」と言う。
　ところが、その規定通りの売買を、半年以上続けられた人が少ないのだ。私自身も、つい頭でっかちになってミスをして反省し、「中源線シグナル配信」を利用した規定通りの売買で多くのことを発見した。
　人間は感情の生き物なので、中源線の判断でうまく乗りこなしたときは自分の手柄、納得できないダマシが発生したときは中源線を悪者にする、つまり、常に「自分は正しい」という認知に偏るものだ。
　やりたい気持ちを抑えて中源線の通りに売買を続けることで、そのことを深く理解できてきたと思っている。
　私は相場を始めてから40年近いのに、あらためて手がけた中源線で「守」の段階を再試行し、有意義な経験をした。
　つい先走ってしまうのが、相場の世界にいる人間の傾向だ。そんな"平均値"に近づくということは、大多数の「損する人」に近づくということだ。
　中源線のルールは、いたってシンプル――ということは、中源線を「極めた」といえる状況で、ようやく「守」を卒業して「破」に差しかかるのだと、肝に銘じてほしい。

6-10 中源線の可能性

　守破離の「離」を想像すると、実にさまざまな可能性を感じる。

　中源線を正しく深く理解すれば、つまり、中源線と自分が一体化するほど使いこなし、長所も欠点も十分に承知したレベルになれば、ふと思いついたことが正解である確率は高まるだろう。

　中源線は、それ自体が完成形だが、ルールがシンプルなだけに、応用の余地が大きい。

　この原稿を書いている2017年7月現在でも、ルールの条件を変更する議論がある。普通転換の補助である「42分転換」について、もっと転換が起きやすく変更するべきではないか、というものだ。

　キザミ設定を適正にしてダマシを減らそうとするのは当然だが、中源線の基本は「機敏な転換」と「3分割」の組み合わせといえる。

　早めに転換させる、そのかわり、3分割によってドタバタを軽減する、ということだ。

　42分転換に頼る状況というのは、「平時」の動きを想定した普通転換が機能しない、ある意味、緊急な対応ということだ。それならば、条件を緩和して転換しやすくするべきではないか、という論理である。

　固定的なルールで値動きをパターン分析する、つまり数式で判断するために当然、転換の判定が人間の感覚とはズレることもある。

　このズレを理論的に定義すれば、より細やかな判断につながるかもしれない。転換を判断する精度、いわゆる勝率が向上するかもしれない。パフォーマンスに大きな差がなくても、プレーヤー自身がより納

得することで安心感が増し、"売買ツール"としての価値が格段に高まるかもしれない。

　私自身も研究の途中だが——そもそも、研究に終わりはない——私は思いついたことをまとめ、林投資研究所の機関誌『研究部会報』に連載している。

　"先生"の立場で執筆しているわけだが、私と読者で「わかっていること」「知っていること」に大きな差があるとは考えていない。

　文章を書いて読んでもらうということは、ある意味、一方通行だが、常に、同じプレーヤー同士の対話を意識している。もし中源線を学んで相場に臨もうというのなら、ぜひ一緒に考えていく仲間に加わってほしいと願っている。

6-11 机上の計算と人間の盲点

　知識は大切だ。相場では、緊張した状況で"からだが動くこと"が重要とはいえ、基本的な方向性を決めるのは「脳」で考える数々の思考である。

　また、カネが出たり入ったりする生々しい結果を振り返りながらも、落ち着いて未来の方針を考えていくことが求められるのだから、知識が大きな助けとなるのは当然であろう。

　しかし、「守破離」の発想で言及したように、頭でっかちによる錯覚や、良くない思い込みで方向を誤るのが現実の世界だ。特に、中源線のように機械的な判断を用いる場合、法則、数式、勝率といった

"計算"が先行し、バランスの悪い思考に陥る可能性がある。

そもそも、ものごとは計算通りに進まない。なおかつ、自分自身のちょっとした行動でさえ、脳で考えた通りにはいかないものだ。

飲み屋に行けば、「医者から酒を止められてるんだよね……」とつぶやいた次の瞬間、元気よく「すみませ〜ん、ビールおかわり！」などと言っているオジサンがいる。

そして、同じことを、大切なカネの問題であるトレードでも、見事にやってのける。

上がる見込みで買ったところ下がった……こんな状況で「マズいなぁ」と感じながらも、すぐに売ると損が確定するという個人的な事情から、「ここは様子見だ」とつぶやいてしまうのが人間だ。

脳では「ダメだ」と考えながらも「心」が待ったをかけ、不適切な先送りをしてしまうのである。何もしない、動かないことが心地いいという、人間の不思議な心理も働くのだろう。

トレードを考える際、まずは机上の計算を行う。それが、ベースとなる理論であり大切な理屈なわけだが、実際に売買してみない限り、実用的な理論に仕上がることはない。

ビールの例のごとく、頭でわかっているだけでは、適切だと考える売買を実行できない。

例えば、多くの人が「世界の終わりだ」とばかりに大騒ぎするような暴落時、どのように考えるだろうか。

落ち着かない気分になりながらも、「現金に余裕があれば、この場面で買い向かうのが正解だろう」くらいの発想は可能だ。ならば、買うしかなく、買いポジションを投げるなんて不適切なことなのだ。

でも、実行できない。苦しいと感じる投資家は最安値、あるいは上げに転じる直前で投げてしまう。
　トレードは、「計算」で考える部分だけではない。「人間」そのものを考える部分もあり、両者が融合することで実用的、実践的な理論に至るのである。
　一方で、「不合理な選択」が正解とされるべきケースもある、と私は考える。
　ちまたには、例えばプロスペクト理論といった、人間の不合理な決断と行動を科学によって説明する情報がある。心理のゆがみを知ることで、行動を適正な方向に修正するヒントがあるわけだ。
　しかし、どんなときも完全に合理的な判断を行う人間を目指すなんて、おかしいと思う。相場で利益を上げたら、そのカネを楽しく使うというゴールがあるから頑張るのだ。
　トレードの利益を生活費などに充てたとしても、それによって何らかの楽しさ、充実感、ゆとりといった、感情に"おいしい"ことを求めているのではないだろうか。
　もし、芯から合理的な人間になり、それこそ"売買マシン"といえるような状態になったとしたら、トレードの成績は上がっても面白くないと思う。少なくとも私は、そんな人間を目指していない。
　不合理な行動は、ひとつずつつぶそうと努めている。でも、"売買マシン"にはなりたくない。
　損したら落ち込み、儲かったらニコニコ笑う、極めて人間くさい存在でありながらも、相場における行動はそこそこ合理的――相場が上手な"俗物"でありたいと願っている。

私の哲学に賛同するかどうかは別として、「計算」と「人間」という２つの要素を意識することは絶対に必要だ。最終的な"確信ある自分流"を構築するうえで、忘れないようにしてほしい。

6-12　高い勝率を求めない損小利大

　ここからは、「計算」の部分に焦点を当てて話を進めよう。
　計算が必要な理由は、人間が不合理な感情を有しているからである。
　私の娘が、「株をやってみたい。でも、損をしたくない……」と言った。私は、「損をしたくないなら、株をやるな」と答えた。
　トータルで利益にするための方法、その方法を構築して自分のものにする道筋を紹介するのが仕事だが、娘が口にした「損をしたくない」は、１回でも損をするのはイヤだ、つらい、という意味だから、「やるな」としか答えようがない。第４章でも紹介したエピソードだ。
　見込み違いによる損金を小さく抑えながら、取れる場面で利を伸ばす。そして、トータルでプラスにするのが相場という行為である。
　「勝率は、50％前後が適切だ」と多くの実践家が言う。
　半分しか当たらない、残りの半分は外れる……これでは儲からない、と多くの人が考えるが、それこそが錯覚なのだ。勝ちと負け、それぞれの数量、値幅、所要時間（日数）が完全に同じならば、勝率を高めるしかないだろう。
　しかし、勝率を50％前後に設定し、勝ちパターンの際に数量を多く、あるいは値幅を取るように努めるのが、トレードの王道だ。

これが、実践家が目指す「損小利大」、損を小さく抑えて利益を伸ばす努力をする、という言葉の意味である。問題となるのは「勝率」ではなく、最終的な「利益率」なのだ。

　最近は、特にFX取引などで、トレードシステムが販売されている。しかし、適切な考え方を基に作られたもの、真に実用性のあるものは極めて少ないといわれている。

　「勝率」や「利益率」の高さを自慢して宣伝しているものが数多くあるが、そこには、過去の一定期間で利益が最大になるように調整しているというカラクリがある。

　「ブラックボックスの罠」でも説明したが、大切なことなので、あらためて触れておく。

　すべてのトレードシステムにインチキくさいカラクリがあるということではないが、ロジック（基本的な判断基準）はそのままにパラメータ（変数）を変更することで、過去の一定期間におけるシミュレーションで利益を大きくすることは実に容易なのである。

　正しく行えば、未知の未来に対して実際に利用するための「最適化」だが、勝率や利益率を高く見せるための意図的な最適化も可能だということである。この手の不適切かつ過度な最適化を、「カーブフィッティング」と呼ぶ。

　また、ムリに良く見せようという意図がなく、純粋に売買に利用しようとしていても、ついカーブフィッティングに近いことをやってしまうのが「人間」の弱さだ。注意が必要である。

　カーブフィッティングよりもタチが悪いのは、過去の一定期間の値動きから「儲かる数式」をつくり出すことであろう。

このアプローチ自体は、現代においては、トレードシステムを創作するために間違ってはいないのだが、「将来的な可能性はどうでもいい、過去のシミュレーションで良い数値を導き出せばOK」という姿勢で、誰でも完成させることができることを、知っておくべきだ。

　極端な話だが、例えば、駅から自宅までの道で、ある日、植え込みに現金が落ちているのを見つけたとする。でも、そんなことが、たびたび起こるはずはない。つまり、再現性が極めて低い出来事だ。

　だから、「歩いているときは植え込みに注意」なんて指針が生まれたりはしない。

　ところが相場の世界では、これと全く同じ類の情報にオトナが飛びつくという、恐ろしい錯覚がある。カネの魔力だろうか……。

6-13　ダマシは避けられない

　この項で説明するのは、ある意味、前項の繰り返しであるが、事例を挙げながら進めよう。

　勝率は50％前後が適正だと述べた。

　実際、「中源線シグナル配信」で過去の値動きを検証した結果（最長31年間）、いわゆる勝率の平均は50％を下回った。

　中源線は3分割なので、1回目の建玉、2回目の建玉、3回目の建玉それぞれについて、手仕舞い（トレンド途中の手仕舞い、または転換時の手仕舞い）したときにプラスになったかマイナスになったかについて、「回数」を数えた結果だ。

しかし、例えば、パフォーマンスが良好かつ安定した銘柄だけに絞った「ユニバース」（2017年7月現在、97銘柄）においては、20年以上の「利益率」が年平均49.5％だった。

　中源線は資金稼働率の限界を50％と規定しているので（詳しくは後述）、それを守れば利回りは半分になるし、必要なゆとりや売買手数料を考えれば、さらに少し落ちる。

　それでも十分に実用性を証明しているといえるし、勝率と利益率のギャップは注目に値するだろう。

　これこそが、適切な「損小利大」を実現した結果なのだ。

　中源線は、第5章の説明でもわかるように、一定の逆行をみて転換を判断する。値運びを機械的に判断してトレンドに機敏に反応するとはいえ、最安値で買ったり最高値で売ることはできない。「少しだけ遅れる」のである。

　そのかわり、値幅が発生したときは、しつこくついていく。例えば「短期間で2割上がったから売り手仕舞い」といった判断はしない。軽い言い方をすれば、"丸取り"が実現するのだ。

　半面、中途半端な往来では機能しにくい、つまりチョコマカと損を出す期間が必ずある。避けようのないダマシだ。

　意外に多くの人が、非現実的な"臨機応変"をイメージする。小さい往来は細かく取り、大きい往来もそれなりに乗りこなし、冒頭・暴落といった急激なトレンド発生にも対応してポジションを取るという、とんでもない無理難題に挑むのである。

　ダマシが減ることで成績は著しく向上するが、ほとんどの場合、高い勝率を求めて利益率を下げてしまうだろう。

欠点をなくせばいいと思うのが人情だが、表裏一体の強みも一緒に消滅してしまうのが道理だ。

　だから中源線は、予測の精度をムリに上げようとばかりに判断の条件を追加したりせず、実践的な３分割によって損小利大を目指しているのだ。

　予測を当て続けるなんて不可能に挑むのではなく、ひとつの価値判断に特化して結果をコントロールするという、現実的な考え方を貫いているのである。

　相場は、見込み通りに動いてくれるものではない。いわゆるダマシは避けられない。この現実を素直に受け入れることが、実用的な手法の第一歩だ。中源線は、そんな正しい姿勢を淡々と説いてくれる教えだといえるだろう。

6-14 資金管理を怠らない

　タコの糸と相場のカネは出し切るな——古くからある相場格言で、「資金に余裕をもって相場を張れ」という、ありがたい教えである。

　「見込み通りの値動きが実現して利益になる」ことが、ポジションを取る、相場を張るという行為の前提だろう。しかし、予測を当て続けることは不可能だし、たった１回でも、資金を大きく減らしてしまえば、そのあとの売買活動を思いきり縮小せざるを得なくなる。

　100回に１回でも外れる可能性があるなら、その残念な結果を想定して計画を立てなければならない。

飛行機の運航では、止まるはずのないエンジが止まるのを想定しているし、ごくまれに止まることがある。

　自動車の運転では、絶対に事故を起こさないように努めながらも、事故が起きたときのことを考えて保険に入るし、けが人の応急手当を含めた事故処理の方法を学んでおく。

　ましてや相場の場合、当たり前のように見込み違いが発生するのだから、常識的な感覚をはるかに上回るレベルで、資金稼働率にゆとりを持つことが求められるはずだ。

　ところが、多くの投資家は、やり始めたら最後、絵に描いたような成功のイメージが強くなって「攻め」に傾く。見込み違いのケースがあることを経験しても、「次は大丈夫」という根拠なき自信を胸に、必要な「守り」がさらに弱くなるのだ。

　一般的な現物投資においても、多くの人が「資産運用」という観点を欠いているようだ。

　一定の金額を、一定の期間で、一定の結果が出るように動かす、という発想がないため、買い物をするように銘柄を選んでは、その分だけ銀行口座から証券取引口座に現金を移す人が実に多いのだ。

　一定の金額を証券取引口座に入れてスタートし、「これがすべて。この金額を"運用"するんだ」と考えるのが正解である。

　ところが、一定の金額を取引口座に入れて固定した場合でも、「資金を余らせておく」発想がないと、「タコの糸を出し切る」ごとく目いっぱいに買ってしまう。

　そして、ダメなポジションを放置しながら、新たに目をつけた銘柄を買うために「何を処分するか」と、やりくりを考える。

こんな状態では、価格変動に振り回されて終わってしまうだろう。少しでも冷静に、可能な範囲で"第三者"的に観察する姿勢に近づくべきなのに……。

　もっと極端な例は、「最初は現物で数回、慣れたら信用取引を利用して資金の２倍、３倍の取引を行う」というキケンな発想だ。

　"いいオトナ"が、自分だけは負けないなんて、ヘンな思い込みに縛られるのである。

　証券会社の重要な収益源は、信用取引の金利だ。証券会社は、投資家が積極的に信用取引で過度なリスクを取ることが望みという、利益相反の構造があるのだ。

　しかし、料理に欠かせない刃物が人を傷つけることもあるように、利便性を提供する信用取引を、証券会社が否定的に説明する義務などない。「リスクがあります」という、平易な説明を求められているだけである。

　結果として、過度のリスクを取る方法が正しいと周囲の知人に説明する個人投資家が実に多いのだ。そして残念な錯覚に陥ったまま失敗し、失敗の原因は「予測が悪かったから」だと思い込む二重の錯覚が生まれる。

　このような錯覚が原因だろうか、プロが重視する資金管理の発想に言及すると、「プロなのに当てることができないのか」なんて非常識な論理で拒絶される。

　大切なことかもしれないと耳を傾けたとしても、「守り」の教えは、ワクワクしない、夢がないといった否定的な受け止め方になりがちなのだろう。

人間として当然、これこそ人間らしいといえるし、大きな錯覚を抱えた人たちが株価を動かしてくれないと困るのだが、私の本を読んだ人には適正なリスクの取り方をしてほしいと願っている。

予測の外れ、見込み違いをゼロにできない限り、負けたときの損失を計算しておく必要がある。9勝1敗という神がかった勝率でも、資金管理にムリがあれば、最後の1敗で資金の大半を失う可能性があることを知っておいてほしい。

6-15 「計算」に偏りすぎるな

最近は、「データ」とか「計算」を過信する傾向があるようだ。

インターネットを利用した情報収集や、パソコンを使ったデータ処理は非常に便利だが、それに頼りすぎてしまうのかもしれない。

「観光学」というユニークな学問があるのをご存じだろうか。

ある大学の観光学科で、ゼミ旅行の企画を任された学生たちがインターネットの情報だけですべてを決め、教授が激怒したというエピソードを聞いた。

教授いわく、「なぜ、せめて電話をして生の声を聞こうとしなかったのか」。学問の道を説いていたはずなのに、学生たちは、自分たちの思い出となる大切な旅行の計画を、上っ面の情報収集だけで進めてしまったということだ。

若い世代の人たちは、車を所有したいという欲求があまりないようだ。交通機関の発達を背景に、合理的な判断を行うようになったとの

評価もあるが、「車があるとカッコいい」「彼女をつくるには車だ」なんて人間くさい部分が過剰に小さくなっている気がするのだ。

　私は1963年生まれだが、少なくとも私の世代までは、「車を手に入れて、彼女をつくるんだ」という発想が当たり前のものだった。あまり合理的ではないにしても、コミュニティを形成するオスの個体としては、極めて正しい行動様式ではないかと思うのだ。

　最近よく耳にする言葉で気になるのは、「彼女をつくるって、コスパがわるい」という価値判断だ。コスパとはコストパフォーマンス、費用対効果の意味である。

　秒刻みで運行される電車や、常に正確にアジャストされる時計などがフツウになったため、恋愛行動まで「計算」するようになったのか、彼らはどこに向かっているのかと不安になるのは、私だけだろうか。

　相場の世界でも、「計算」に走りすぎる傾向があるようだ。

　売買法が紹介されていると、その中身を確認する前に、「勝率は何％なのか？」「エビデンス（証拠）はあるのか？」といった質問があるのだ。

　「考えるな。感じるんだ！」なんて映画のセリフを持ち出すつもりはないが、理屈では説明できない値動きこそが利益の元だし、未知の将来に向かってポジションを取るのが相場なのである。

　過去データに基づく「計算」に偏りすぎると、バランスの悪い姿勢になりかねない。

　前項で示した資金管理について、古い相場師は「片玉２分の１」を金科玉条としていた。つまり、売りまたは買いの一方だけならば、売買資金の半分が限度ということだ。

中源線の資金管理でも、この原則通りの規定が設けられている。
　３分割を行い、３回の建玉によって満玉になった段階で"資金の50％以内"というのがルールだ。
　利益を夢見て舞い上がっている人でなくても、「そんなに余らせたら効率が悪いのでは？　なんだか納得できない」と感じるようだ。
　でも、相場の予測は半分当たって半分外れるのだから、期待を下回るような偶然の連敗まで考えたら、計算だけでなく「負けが続いたときに人間がどう感じるか」を考えたら、大きく余らせることの意味が見えてくるだろう。
　ファンドならば、資金の配分を考える人と、決められた狭い範囲で銘柄を選ぶ人が別々、つまり組織的な分業が行われる。決められた狭い範囲を任された人は、与えられた資金いっぱいに株を買う。
　でも、個人投資家は、すべての作業を単独で行う。利益が出れば浮かれ、避けようのない少しの損でも落ち込む。シゴトとして100％淡々と作業するのは、非常に難しいことなのだ。
　だからこそ、「片玉２分の１」という原則が生まれたのだろう。
　取ったり取られたりの結果、一定の回数をこなせばトータルでプラスになっている――これが相場を行う前提だが、だからといってギリギリまで攻めるのは間違いである。いや、負けるときもあるからこそ、余裕をもつ必要があるのだ。
　中源線の資金管理では、利益が蓄積された場合のトレードサイズ（建玉量）変更について、次のように規定している。

　資金が1.5倍になったら建玉単位を増やす

原著では「倍ごとに」となっていたが、私が「1.5倍ごとに」と変えた。経験上、それほど安全策をとらなくてもよい、と判断したからである。

もちろん、「倍ごと」のほうが心理的には楽で成功率も高い。

（『新版 中源線建玉法』「第三部 注解と事例」より）

どんなにうまくいっている場合でも、資金が1.5倍になるまでは同じ数量で続けろ、ということだ。

ところが、計算に偏った人たちは、例えば「利益が出て資金が1割増加したら、ポジションサイズも1割増加」といった、チマチマとした対応を好む。

1割増加という結果は、素晴らしいものだ。しかし、その1割増加が、先に述べた「一定の回数」をこなした結果かどうかが問題なのだ。

たまたまの連勝で1割増加しただけ、つまり「一定の回数」をこなす途中の成績だったら、どうなるだろうか。

次に訪れるのは連敗だ。

1,000万円の資金でスタートして利益で1割増加、つまり資金が1,100万円になったとする。

この段階でポジションサイズを1割増加させたあと、同じく1割負けると、損失額も1.1倍だ。1割の勝ちが1回、1割の負けが1回なのに、勝った額は100万円、負けた額は110万円……1勝1敗の結果、1,000万円の資金は990万円に減るのだ。

カネの話だから、いろいろなことを数字で考える必要があるだろう。感情に左右されないために、計算しておくことも重要だ。

しかし、度が過ぎてしまえば、現実を無視した机上の空論に堕ちてしまう。

　値動きを機械的に判断する中源線だからこそ、「計算」と「人間」それぞれの要素を、分解したり融合したり、どちらかに偏らせてみたりと、あらゆる角度から考えてみることが求められる。その際に大切なのは、バランス感覚ではないだろうか。

6-16　中源線をアレンジする

　さて、中源線のルールは、極めてシンプルな状態にとどまっている。だから、納得できる、理解しやすいという特徴のほかに、いろいろなアレンジが可能という側面をもっているのだ。

　書籍『新版 中源線建玉法』にも、ヒントが解説されている。

　例えば、3回の等分割を不等分割にする、といったアイデアである。比率で示すと、「1」「1」「1」と3回の分割をするところを、「1」「1」「2」にする、といったアレンジだ。

　転換時の「1」と最初の増し玉「1」は、建玉量全体の3分の1から4分の1に落ちる。3回目（2回目の増し玉）の「1」が「2」になる部分は、3分の1から2分の1に上がる。

　転換のタイミングが同じならばパフォーマンスに大きな差はないかもしれないが、実践する者にとっては大いなる違いが生まれるのだ。

　3回目の建玉は、いわば"決め打ち"の一手である。

　その比重を上げることについて、実践する者が心地よさを感じる、

自らの意思を盛り込むプレーヤーとしての満足を感じるのなら、立派に意味があるアレンジといえよう。

　もちろん、根幹のロジックをいじくることもできる。ただし、第5章でも述べた「使いこなす」レベルに達しないと、改良ではなく改悪になりかねない。

　中源線のルールはシンプルといっても、決して未完成な状態ではない。あえてシンプルな状態にとどめて「完成」されているのである。

　だから、中途半端な理解でアレンジを試みると、出来上がって盛りつけられたミソラーメンをトマト味のパスタに変身させようとするくらい、ムチャな挑戦に時間と労力をさくことになる。

　時間と労力がムダになるだけならいいのだが、独りよがりでおかしなことを考える悪いクセがつくかもしれない。

　深く理解し、中源線と自らの感覚が一致する、完全にシンクロする、中源線が自分のからだの一部になるくらいのレベルに到達してから、ゆっくりとアレンジを考えてほしい。相場そのものへの造詣が深まるはずである。

第7章

トレードは
常に自分が中心

株式投資は自己責任──。
　こう言うと、ほとんどの人は身構える。「損しても、誰も助けてくれませんよ」とのメッセージに、気持ちが萎縮するのだ。
　だが、それがちがうのだと言いたい。
　損したら誰かが助けてくれるなんて、そもそもあり得ないことだ。期待している人は、株式投資の前に別の勉強が必要だ。損をしても自分の責任、莫大な利益を上げたら全額が自分のものという、実にプレーン（平易）なことを表現しているのが「自己責任」の4文字である。特別な力が作用しない、単にニュートラルな状態を表しているにすぎない。
　とはいえ実際、何もしないうちから助けを求める人がいる。
「どんな銘柄を買っていますか？」
「いつ買えばいいのでしょうか？」
　そうではなく、好きなように行動すべきだ。専門家も含めて、誰も明日の価格さえ知らないのが株式市場の"最大の秘密"なのだ。
　塗り絵の紙を渡されると、ラクして絵を完成させつつも不満に感じる。ところが、真っ白な紙に好きな絵を描けと言われると、どうしていいかわからない、教えてくれないと困ると不平を言う。
　そうではなく、選択の自由を楽しみながら、自分だけが知っている自分の優れた部分を前面に出そう、自分の得意技を伸ばして堂々と株式投資を展開しよう──ちまたに転がっている取るに足らない情報に惑わされることなく、カッコよく振る舞おうではないか。
　自由にのびのびと、実に当たり前の姿を目指そうというのが、この章のテーマである。

7-01 日々是決断

多くの個人投資家が、何かしらのポジションを持っている状態で、特にアクションを起こさないまま「様子を見ている」などと言う。実はこれ、かなり問題のある表現なのだ。

実際にかなり多くの人が同じことを言うので、ある意味、とてもふつうなことだ。だから説明する立場として"上から目線"でダメ出しするのは抵抗があるが、"プレーヤー目線"で本音を吐けば、「これはいかん！」「絶対にダメだ！」と示さざるを得ない。

個人投資家が「様子を見る」と言う場合、まちがいなく心の中は不安でいっぱい、なにか対処しなければ、と理解している状態だ。

もし不安がなかったら、わざわざ「様子見」などと口にしない。そもそも、そんな言葉を思い浮かべることもない。

不安を解消するためにはポジションを減らせばいいのだが、数量が減って利益の可能性が小さくなるうえに、損切りによって負けを認めてしまうため、再び順行することを期待して待とうという思考を正当化したいのだろう。そのために、「様子を見る」と発言するのである。

精神的なバランスを保つための自然な自己防衛反応ともいえるが、単に気分を一瞬和らげるだけの効果しかない。子どもが母親に「宿題やったの？」と聞かれて「今やろうと思ってたのに」と答えるのと、同じレベルである。

さて、「様子見」とダンマリを決め込んだあと、どうなるか？

マーケットはトレーダーの個人的感情や希望なんて聞いてくれない

から、トレンドが望む方向に転換すれば問題は解決するが、さらに逆行したときには打つ手がなくなってしまう。

「しまった、やはり対処をしておくべきだった……」と思うのだが時すでに遅し、「頼むから戻ってくれ～」と、信じてもいない神に祈るだけだ。固まっている、フリーズしている、といった状態に陥るのだが、そもそも「様子見」という言葉が頭に浮かんだ時点で半フリーズ状態だったといえる。

こんなふうに運を天に任せるのではなく、必要な対処をしながら相手（株価）に合わせていく努力をするのが、トレードというシゴトである。その基準となるのが、鮮明に描いたシナリオと、最悪の事態も含めた悪い結果の想定、そしてそれらの思考から生まれる具体的な対処方法のそなえだ。

「もしこの株を持っていなかったとしても、今この場で確信を持って買うだろう」

こう言いきれるならば、売らずにホールドしてもいい。

だが、わずかでも不安があったら、少なくとも一部を手仕舞いして株数を減らさなければならない。もし、根底に大きな不安があるのなら、やり方すべてを見直さなければならない。どうやっても不安が残るのなら、株式投資をやめるべきだ。

厳しく聞こえるかもしれないが、これくらいのイメージを持ち、それを絶対に手放さないという覚悟がないと、タガが外れてすべてが崩れる。「様子見」という言葉を使ってもいいのは、ポジションがない状態で"新しいポジションを取らずに、あえて何もしないでチャンスをうかがっている"ときだけなのだ。

7-02 「何を買うか」ではなく「いつ買うか」「どこで売るか」

　どんな分野でも、プロとアマチュアには大きな隔たりがある。

　技術、覚悟、経験値が異なるのは当然として、根底の差は「視点」ではないだろうか。

　あとで詳しく述べるが、プロは"生き残り"を第一に考え、アマチュアは"ウハウハの大儲け"を想像する。これは、売買の結果をイメージするときのちがいだが、いざ具体的な行動を考えるときにも大きな差が生まれる。

　新聞、雑誌、インターネット上の情報……切っても切っても金太郎アメ状態で、「何を買うか」という視点ばかりである。どの銘柄が有望か、どのセクターが時流に乗っているかを"当てましょう"というアプローチだ。

　例えば私がふだん発信する情報は、ごく一部の投資家が対象だが、ケタちがいの部数を売る新聞や雑誌は、相当な数の投資家が読むものをつくらなくてはいけない。

　いきおい、レベルを下げてでも極めて俗っぽい内容にせざるを得ない。だから、投資の王道とはベクトルそのものが大きくちがう結果となるのだ。

　うねり取りは"投機"であり、会社の内容と世間の流行がマッチしているかを議論する雑誌の観点など関係なく、「値動き」「値運び」を自分の目で観察することが中心だ。

　この王道を進むしかない、かなり極端な状況を想像してみよう。

私が毎日の夕刻に、ある銘柄の大引値をあなたに伝えるとする。
　あなたは、それがなんの銘柄かを知らないし、そもそも個別株の値段かどうかもわからない。だが、あなたが私に「売り」「買い」と注文を告げると、あなたの取引口座で実際にポジションが動き、現実の損益が発生する……。
　あり得ない状況だが、あえて想像してほしい。あなたは、ちまたにあるファンダメンタル情報や、マーケット全体にかかわる外部要因を結びつける発想に至らない。その銘柄がなにかを知らないからだ。
　この状況で何を考えるか——。
　純粋に値動きの推移を見守りながら、どんな動きを狙うか、具体的にどうポジションを動かすかに意識を集中させるしかない。もちろん、どこでポジションを閉じてひと区切りつけるかも考える。
　この一連の思考は、この本で述べてきた、相場技術論に基づくやり方にほかならない。
　自分が目を向ける方向を工夫するだけで、行動が根本から変わる一例である。

7-03 事前の想定に必要な「いつ」

　トレードには、特別な知識も特別な身体能力もいらない。
　そのかわり、自分でつくったポジションは自分の意思で手仕舞いしない限りそのままの状態なのだから、放置しない姿勢、自分自身で対応する覚悟が必要である。

そのためには、なだれ込んでくる情報を評価する自分自身のフィルターをもつことが第一だ。周囲の情報に振り回されず、自分の価値観で"自分の世界"を確立すると、「手法」「予測法」「資金管理」というトレードの武器を構築することができる。

　こうして、独自に情報を整理し、自分だけの「予測」情報を確立するのだが、予測は「当てるためのもの」ではない。百発百中が実現しない以上、「"次の一手"を決める基準」である。「事前の想定」ともいえるし、「シナリオ」と呼んでもいい。

　ただし軽いノリで雑誌に書かれる、"誰かが無責任に発信する"シナリオではない。自分自身の発想による、自分自身のシナリオである。

　広い意味での「想定」には最悪の事態も盛り込まれていなければならないが、通常のトレードで「"次の一手"を決める基準」となるのは、理想的な値運びだ。だから、シナリオ＝良い想定、望んでいる結果、と定義しておく。

　とはいっても「青天井で上がっていく」とか「半年後に10倍」といったような絵空事ではなく、現実的な範囲での理想的想定である。この想定通りに値が動いてくれることは少ないのだが、想定から一定の範囲にある、つまり"ぼちぼち"当たっているかどうかが、仕掛けたポジションを維持していいかどうかの判定基準だ。

　実際のトレードに使う想定には、何度も述べたように、「時間」の要素が入っていなければならない。単に「3割上がる」ではなく、「6カ月で3割上がる」というようにトレンドをイメージする必要がある。仮に時間の要素がなく「3割上がる」だけだと、それを達成するのが6カ月後でも6年後でも同じ、ということになってしまう。

ちまたにある無責任な予想情報は、根拠となる部分があいまいだったり一貫性がなかったりするうえに、時間の要素が抜け落ちているケースが多い。

そういったものを標準形だと考えず、「上がる」という漠然としたイメージに「いくらくらいまで」「いつ」という要素を加えて実用的な想定をしておくのである。

7-04 生き残りを第一に考える

トレードで最も大切なのは、生き残ることだ。

これはプロの共通認識だが、一般の投資家には最も響かない考え方なのである。

プロは本質を見る。トレードによって「運用資金が増減する」ことをストレートに考えるのだ。それに対してアマチュアは、「1回の勝ち負け」など狭い範囲に目を向けている。これが大きな差ではないかと思う。

狭い範囲を見るアマチュアは、例えば百万円を短期間で10倍の1千万円にしようとする。当然、ムチャをやるから負けるのも早い。ゼロになったら、「また百万円を用立てて挑戦しよう」と考える。

この考えだと、健全な"資産運用"は成立しない。FX取引に気軽に参加する人は、5万円、10万円くらいの金額で同じことをやる。

その金額が1千万円でも、けっこうな収入がある場合は、やはりムチャな行動を取る。

プロのシゴトは、そんな考え方では成り立たない。例えば100億円のファンドを運用して、「ゼロになったから、あらためて100億円」というわけにはいかないし、「2割減ってしまったから、20億円足してください」とも言えない。

　個人投資家は、もっと厳しい環境にいる。ファンドマネージャーのように、運用に失敗して給料が減る、席がなくなるだけではすまない。

　資金が大幅に減ったら、戦えなくなる。駅前の店が駅から何百メートルも離れた場所に移ってしまうとか、店の面積が大きく減ってしまうようなものだ。

　だから、「勝つ」ことの前に「負けない」ための方法を考える。

　アマチュアならば、一攫千金を狙ってトレードし、負けても「また資金を用立てよう」という行動は許されるのだが、株式市場に参加する単なる"遊び"になってしまう。

　間接的ながらも、プロや世界中の参加者と同じ土俵で戦うのだから、一時的に資金を10倍にできる可能性はあっても、ある程度の期間が経過したらマイナスになるのはまちがいない。

　結論として、天敵に怯える小動物のように逃げ回るのが正しい、ということになる。たった1回の失敗が取り返しのつかない状況を生んだり、小さな失敗でも負の連鎖に陥る可能性があるからだ。

　経験が少ないうちはピンとこなくても当然だが、多少なりとも経験したら、あるいは、すでに一定の経験があるなら、これでもかというくらいネガティブ思考で想像し、サイアクの状況まで想定しておかなければならない。これが、生き残り第一のイメージだ。

7-05 計画はネガティブ思考、実行はポジティブ思考で

　株式市場という"非情"な世界では生き残りが第一だが、萎縮したイメージを抱えていたら実行面に問題が生じる。人間は、緊張したときにギクシャクする。人前で「ちゃんとカッコよく歩かなくちゃ」と思っただけで、右手と右足を同時に前に出してしまうものだ。悪い結果を考えている状態では、トレードもうまくいかない。

　ネガティブ思考は、現実を正確に見る姿勢をつくる。テストの結果が50点のとき、実力が30点だと認識することはない。ただ、実力が70点だというイメージはもてないし、次のテストでさらに悪い点数になる可能性を認識する。

　ポジティブ思考は、50点という結果を見ても「自分の実力は80点だ」「次のテストは大丈夫」と根拠のない自信を基に明るい未来を想像する。潜在的なリスクが盲点になってしまうかわりに、前進するエネルギーが生まれる。

　この両者の特性を、うまく利用するべきだ。

　個人投資家は、プレーヤーであると同時に管理者であり、指導者であり、悩んだときの相談者である。ひとりで何役もこなす、器用な姿勢を求められる。守るも攻めるも、押すも引くも、すべて自分のさじ加減だからだ。

　入り口の段階は、ふつうにポジティブがいいだろう。「よし、しっかり儲けるぞ」という気持ちが、勉強するエネルギー、努力を楽しむ姿勢につながる。

しかし、具体的な計画は、しっかりとネガティブ思考でつくりたい。「こうしたら儲かる」というアイデアに対して、もうひとりの自分が登場し、「そんなこと言って大丈夫か？　ミスしたときの損失は？」と、つき進むだけの姿勢を抑えるように議論するのだ。

　しかし、実際の売買には、しっかりと計画した過程を思い出しながら自信をもって臨みたい。トレードには、反射的な行動が必要なのだ。

　うねり取りでは、日々の終値を見て翌日の売買を考える。それ以上の短時間で決断を迫られることはない。

　だから、「考える時間はたっぷりある」と思うかもしれないが、多くの人に与えられた条件だから、自分だけが優位だと考えるのは誤りである。パッと行動する、「えいやっ」と動くことが必要だ。そのためには、ポジティブな姿勢でなければならない。

　結果を振り返るときは、再びネガティブ思考がいい。成功に浮かれたり、失敗を大げさに悲観することなく、正確な分析を行うためだ。しかし、その作業を支える土台は、明るい未来を想像するポジティブ思考である。

　ネガティブ思考とポジティブ思考、この２つの融合と、段階による使い分けを意識したい。

7-06 禁止事項は肯定形に置き換える

　ネガティブ思考とポジティブ思考を使い分けるうえで、具体的な方法をひとつ紹介しよう。

禁止事項を守るのは心理的につらい、というか、無意識に抵抗してしまうのが人間の心理だ。

　これはダメ、あれもダメでは、息が詰まる。それに、ダメだと言われると逆にやりたくなるもので、それを「甘い」と決めつけると、行きすぎた"自分イジメ"になる。

　毎日飲みに出かける人が「よし週に３日は飲まずに帰ろう」と決心しても、なかなか実行できない。「行かない」という否定形だからである。

　そうではなく、飲まずに帰って何をするか、どんな楽しい時間を過ごすことができるかを想像し、そこに目を向けるとエネルギーが湧くだろう。

　例えば、「早く帰って犬の散歩をすると、同じく犬を連れたきれいな奥さんに出会える」とか、ワクワク感のある想像が人間の感情を上手に動かす。「散歩のあとはビールがうまいし、家飲みでこづかい節約」でもいいだろう。

　自分でトレードルールを決める場合でも、肯定形がオススメだ。

　「〜しない」という否定形の発想がスタートでもいいが、それを肯定形に置き換えるのだ。

　例えば、「どうも自分は、ポジションをダラダラと長引かせてしまう」という課題があるとしよう。最初は当然、「ダラダラと長引かせない」という否定形の表現が浮かぶ。それでOKだ。計画は、現実を見据えたネガティブ形式でいいのだ。

　でも、実行はポジティブが望ましい。次の段階で肯定形に変換し、ワクワクする結果を盛り込むのだ。

「自分のトレードは、調子の良いときに約１カ月だから、ちょうど１カ月で必ず手仕舞いすることにしよう。すると、悪いポジションが残らず、ムダがなくなり、スムーズなトレードに変わるだろう」

制約を設ける目的は、制約なしでトレードして悪い状況に陥るのを防ぐことだ。つまり、制約があることで、より心地よい状況が生まれるわけである。

その心地よい状況をリアルに想像すれば、いざその場になっても迷わずに自分のルール通りに行動できる。押しつけの禁止事項ではなく、それを守ると"ご褒美"が待っているのだから、脳も心も「守りたい」と素直に考える。トレードの制約は、自分を助けるルールなのだ。

しかし、冷静な頭で考えてつくるルールは、いわば"第三者の視点"による規則だ。結果として、プレーヤーとして決断の場に臨んだとき「ジャマだ」と感じてしまうことがある。自分で「やらない」と決めたことなのに、「この状況こそ、やるべきだ」なんて考えが浮かぶことが多々あるのだ。

これが、トレードの非常にデリケートな部分である。

自分で決めたルールを破ってしまったらダメだが、細かく規定した中で裁量を入れることもアリ、というのが現実だろう。

少なくとも、ルールを大切にするのと同様、個人的な相場観や感性も尊重するべきである。もちろん、その裁量の範囲も事前に決めておく必要がある。

適切な範囲ならば必要な"遊び"になるが、あるラインを超えると"御法度"の対応となる。ここが、深くて難しい部分なのである。

7-07 利己的な行動が正しい

　日常生活の一場面を想像しながら考えてほしい。

　知り合いと5人で飲みに行ったとする。つまみに鶏の唐揚げを注文したら、1皿に6個乗っていた。全員が1個ずつ食べたら、皿には1個だけ残る。それを誰が食べるか……。

　全員が遠慮してハシをのばさないでいると、皿に1個残った唐揚げは時間とともに冷めていき、5人全体では「損をする」ことになる。

　あるいは、5人の前に出てきた鶏の唐揚げが4個だったら？

　1個ずつ取ったら誰かが食べられないと思い、5人とも遠慮してしまうかもしれない。これまた、誰も得することのない状況を生む。

　こんなときは、全員が利己的に行動するとバランスが取れる。

　1個残った唐揚げを食べたい人がモタモタせずに「ちょうだい」と言えばいい。

　もう1個食べたい人がほかにもいたら、その事実はすぐに判明するから、「もう1皿頼もう」と前進する。

　1個足りない場合でも、食べたい人から積極的にハシをのばせば、「オレいらない」という人が登場するかもしれない。全員が食べたかった場合でも、アツアツの唐揚げをほおばりながら「もう1皿頼もうか」と提案すればいい。

　全員がそんな姿勢ならば、にらめっこで空気がおかしくなることもなければ、冷めた唐揚げを食べる人もいない。利己的に自分の評価を気にして追加を提案することが、全員の利益につながるはずだ。

以上が、同じ世界に生きながら、利己心で競争して共栄につながるという、資本主義の構造である。
　そして株式市場は、その構造をシンプルかつ合理的につくり上げた"場"である。だから、唐揚げのように悩む場面はない。ひたすら、自分の利益を追求すればいいのだ。
　そのかわり、唐揚げが乗ったテーブルとはちがい、常に孤独である。だから、自分のバランスを保つ工夫も求められる。
　ちなみに、発表前の決算など特別なインサイダー情報を手にしたら、どうすべきか。利己的に考えて、それを利用すればいいのだろうか？
　それはダメだ。犯罪行為はバレたときの損失が大きいし、罪の意識を抱えていたらトレードの質が下がる。「次もまたインチキして儲けたい」という気持ちも行動をゆがめてトレードの質を下げるから、結局は利己心が満たされないのだ。
　およそ相場の教科書とは思えない観点で持論を述べたが、こんなふうに分析することが、ひとり数役をこなす個人投資家の活動を支える根本の理解や智恵に結びつくはずである。

7-08 個人投資家の武器を利用する

　私たちのように業界の内部にいる者は例外なく、「個人投資家は売り買いしすぎる」と感じている。「あたしを儲けさせてよ」と言う人のお守りをするつもりで、流行の情報をせっせと運んでいる証券マンだって、本音の部分では同じことを言う。

やたらと売り買いするのではなく、落ち着いて取り組んでほしい。だが「ガマンしなさい」ということではない。ガマンなんて、必ず三日坊主で終わってしまう。もっと積極的なイメージで"不要な手数"を減らすよう努めるべきだ。

個人投資家でも現在は、かなり高速の注文執行環境をもつことができる。証券ディーラーとの差も非常に小さい。

だがコンピュータによるプログラムトレードが登場して以降は、プロのディーラーたちも苦しんでいる。

そのディーラーたちに対して個人投資家は、情報量や情報のスピードでどうしたって劣る。また、専業で売買する機関投資家との競争でも、情報の質とスピードで負けてしまう。

だが、これらは、わずかな差を取り合う場合の優劣である。わずかな差を取り合うことから離れ、うねり取りで3カ月または6カ月の波を狙っていれば、不特定多数の人の注文が集まっているマーケットの"十分な厚み"が助けとなる。忙しい取り合いではなく、時間に余裕のある「選択の問題」になる。

デイトレードでは、ザラ場で「取り合い」をするトレーダーたちが同じような思考パターンで競争する。だから例えば、「あと3万株残っている210円の売り指し値を買えば儲かりそうだ」と端末をたたくスピードの競争になったりする。

一方、3カ月または6カ月の波を見ていれば、例えば「今週か来週の安いところを拾っておこうか」という発想になるから、注文を取り合う必要などない。毎日多くの人が売り買いしてマーケットに厚みがあるのだから、単純に自分の決断をするだけですむわけである。

しかし、もっとマーケットとの距離を置くことができる。
　多くの人は手数が多いと述べたが、その結果として「常にポジションを持っている」状態となる。そして大半の人の手の内は、塩漬け株ばかりだ。実にもったいない。
　こうなってしまう原因は、ヘタだからではない。誰でも、休みなく売り買いしていたら同じことになる。だから専業のトレーダーは、個々のポジションに区切りをつけることに集中するし、ポジションがゼロの状態を意図的につくるよう努めている。
　うねり取りならば、買ったあとに売り手仕舞いして休む、カラ売りを仕掛けて買い戻したら休む、ということだ。
　利益が出た場合は、自分の腕で利益を出したことを認識し、興奮を静めながら次のトレードにそなえる。残念ながら損切りした場合は、損が出たことを認めるとともに振り返って原因を特定し、やはり心を落ち着けながら次のトレードに臨む姿勢をつくる。
　会社に勤めていても毎日必ず帰って自宅でくつろぐ、月曜から金曜まで働いたら週末は趣味を楽しんでリフレッシュする。これと同じ自然な流れを、トレードで行うのだ。
　実際に個人投資家は、自分だけの責任で自分のカネをリスクにさらすのだから、会社勤めの何倍もの精神的疲労を伴い、それを解消するためにはかなりの休息が必要なはずだ。
　次の項で詳しく説明するが、「休むことができる」のは個人投資家だけがもつ優位性、個人投資家が最大限に利用すべき"唯一の武器"なのである。

7-09 売るべし、買うべし、休むべし

　ファンドマネージャーや職業ディーラーたちは、組織や他人の都合で行動している。ある程度の枠があって行動が決まっているから重圧が少ない面もあるが、1カ月あるいは4半期（3カ月）といった単位で成績をチェックされるからたいへんだ。

　「今の相場は自分の好みではない」といった理由で休むことなど許されず、「ここで動くと損するかもしれない」と想像したとしても、利益を求めて行動し続けなければならない。

　これに対して個人投資家は、自分の感覚や好み、あるいは体の好不調などを理由にトレードを休むことができる。誰からも文句を言われない。だから、「休む」ことは、個人投資家"唯一最大の武器"なのである。

　昔から伝わる相場格言に、「売るべし、買うべし、休むべし」というものがある。売るのも買うのもカンタンだが、3つめの「休むべし」が難しいから格言として伝えられてきたのだ。

　多くの参加者と一緒に「売り」と「買い」の巧拙を競うよりも、「休み」を実行するほうが良い結果が得られると考えてほしい。

　個人投資家が行うトレードには制約がない、つまり誰からも「こうしろ、ああしろ」と口出しされることがない。言い換えれば、わかりやすく方向を示してくれるものが何もないということだ。

　だから本書では、心構えに関することを多く述べている。すべては考え方次第なのである。

ムダな手数を減らし、混乱のない安定した状態をつくり出すための具体的イメージは、「待つこと」である。
　物欲しそうな態度で、小さな動きを気にするのではなく、高い視点で構え、絶好のチャンスに的を絞ることを考えるといい。
　トレーダーは、人間の自然な心理によって"やりすぎる"のだ。
　ポジションを持ちすぎる、ポジションがないと落ち着かないといった心理を「ポジポジ病」と揶揄して戒めと考える人が多いが、なかなかできないから戒めの言葉が存在するのだ。
　だから、競争に勝つためには「待つ」こと。絶好のチャンスを逃すこともあるが、ダメな手を打たずにすむケースが圧倒的に多い。

7-10 個人投資家こそプロの視点をもつべき

　プロとアマを分けるのは、何だろうか——。
　あらゆる分野に通じる分け方として、2つのことを挙げてみよう。
　1つめは技術だ。プロは反復練習や経験によって、同じ動作を同じように再現する能力をそなえている。
　例えば、ゴルフの松山英樹選手は、小さいゴルフボールを正確に打って狙った場所に運ぶ。テニスの錦織圭選手は、ムリな体勢からラインぎりぎりに打つ。
　2つめは、覚悟だと思う。プロフェッショナルなラーメン店ならば、季節による素材の変化や気候の差に関係なく、「同じ味を提供して客を満足させるぞ」と考え、それを技術が支える構図だろう。

よく、プロの技はスゴすぎるから、ちょっと上手なアマチュアに教わるのがいい、などと言う人がいるが、絶対に間違っている。

　教え上手でないプロの弟子になったら、「技は自分で盗め！」なんてスポ根物語になってしまうかもしれないが、手本とするべきはプロで、プロのレベルにどこまで近づけるかを考えなければならない。命の次に大切なカネを動かすのが、株式投資というシゴトだからだ。

　株式投資、トレードのプロは、何を大切にしているのだろうか。

　多くの人が、ド派手な売買をイメージする。し烈な情報戦を通じて、ギリギリのタイミングでイチかバチかの売買を展開する、などと想像する。それは、映画やドラマの見すぎだ。プロの日常なんて、絶対にドラマにならないほど地味で、クソつまらないことだらけだ。

　動きがあれば、動物のような反射神経で行動する。大きく値幅を取ろうと努める。だが、そもそも"秘密情報"なんてないし、プロといえども明日の株価を知る術はないので、必死の予測だって当たったり外れたりの繰り返しだ。

　だから、小動物のようにビクビクとしながらも、可能性がある場面では大きな利益を目指してねばる、といったメリハリをつけるのだが、すべての行動は淡々としたものだ。

　生身の人間だから、勝ってうれしい負けて悔しいのは当たり前でも、喜怒哀楽の幅を最小限に抑えている。そうでなかったら、毎日株価を見て、命の次に大切なカネを動かしているうちに、すぐに廃人と化してしまうだろう。

　儲かっても損しても、いちいち札束を思い浮かべて一喜一憂してはいられない。そんな本職の姿勢を想像して取り組もう。

7-11 経験とは何か

　ネガティブ思考は「正確に分析する姿勢」を生むと述べた。だが、感情的にマイナスの記憶は蓄積したくない。ネガティブ思考とポジティブ思考を使い分けたり、外部からの情報を的確に取捨選択する落ち着いた姿勢を阻害する。

　うねり取りはプロのトレードで、「価格動向だけに目を向け、ポジション操作で"対応"する」相場技術論の発想で実行する売買だ。

　価格の変化を見る「テクニカル分析」と「トレード手法」の融合ともいえるだろう。

　この対極にあるのが「ファンダメンタル分析」で、一般的な"投資関連情報"は、このファンダメンタル分析によって「うまく当てよう」という姿勢が極端に強い。その理由は2つある。

　1つは、情報としての見栄えだ。チャート分析を語っても、なんだか泥くさいだけで"価値がありそう"に見えない。不特定多数に"知的な分析"だと感じさせる要素に欠けるのだ。

　だから、経済指標や要人の発言などを引き合いに出しながら、専門家のセンセイがファンダメンタル分析を"語る"のだ。

　メディアがファンダメンタル分析をメインにする、もう1つの理由は"引き"である。"引き"とは、例えばドラマの終わりに衝撃的な展開があって「来週どうなるの？」と思わせる工夫だ。

　新聞やテレビは、不特定多数の人が対象だから、多数派に迎合する。小規模ビジネスのように、特色によって特定のファンをつくる方法で

は成り立たない。だから、株価動向とともに背景にある世界情勢、とりわけ戦争や政治の混乱などの"不安要因"を結びつけて解説し、不特定多数の視聴者の「知りたい」という欲求を満たしつつ、「明日はどうなるだろう？」と考えさせるよう努める。

つまり、新たな欲求を巧みにつくり出すのだ。

今週のイベントはこれとこれで「世界中が注目しています」とコメントすれば、イベント間際にどうなるかが気になる、イベントの結果について専門家の予想を知りたい、イベント後に価格動向の解説があるからチェックしたい……と、急落・急変の「恐怖」を土台とした「興味」が膨らむ。そして、まんまと次回の放送を見る、次回の解説記事を真剣に読むというルーティーンにはまるのだ。

もちろん、ファンダメンタル分析をすべて否定することはできない。ただ、多くの人がふだん無防備に受け取っている情報は、えてして「恐怖」と「混乱」を強めているだけ、という事実は理解しておくべきだ。

試しに、情報を記録して、冷めた目で整理してみるといい。次のようなことが理解できる。

・常に投資家の「不安」心理を揺さぶる
・確固たる価値判断は示さず中途半端な分析に終わる
・分析の観点に一貫性は感じられない

イベントが目白押しのときは、「たくさんあるので気になります」などと雑なまとめ方をするし、とても"プレーヤー向け"の情報とは思えない内容ばかりだ。といって、スポーツのような"観客向け"の情報ともいえないところがある。

「相場に関する情報なのに、相場を行わない者の視点から情報をたれ流している」感じだ。それを、相場を行う者が見てしまうという、おかしな図式がある。

情報に振り回され、プレーヤーとしての判断と行動を放棄していると、"恐怖に耐え"ながら、自分のポジションにとって都合のいい方向へ動くことを"願う"状態がクセになる。それが、いつもの自分であり、深層心理では居心地がいいと感じる悲しいカラダになる。

恐怖心とは、「急変したら自分のポジションが被害に遭う」という受け身の発想だ。そんな姿勢では、負の感情が蓄積されるだけだ。

しかし、自らの見通しを軸に、自らの自由な意思で"対応"する気持ちは、オトナとしての自発的な行動だ。感情への偏りが小さく、個々の結果がまっとうな経験として蓄積される。

7-12 女性が優秀な理由

男性は〇〇、でも女性は〇〇……。こんなふうに、最大公約数的なステレオタイプを持ち出して事を論じるのは好ましくない。一方で、統計的な男女のちがいはあると思う。

結果の数字だけを追う証券界は、根拠の希薄な男女差別は入り込みにくいはずだ。だが、一時期は「女だって株で勝てる」というようなタイトルの単行本があったし、今でも「女性のための資産運用講座」みたいな名称のセミナーがあるから、そういった乱暴な定義、偏見を認める態度への反論も含めて、私の考えを述べたい。

見出しの通り、女性は優秀なトレーダーの素養に満ちていると思うのだ。ただし、ここでいう"女性"は、特に仕事をした経験のない専業主婦という大ざっぱな分類による定義だ。実際に、社会にうといだけでなく、「私はおカネのことなんてわかりません」という控えめな認識をもっている人をイメージしてもらいたい。

　トレードはズバリ、カネの問題だ。売買の対象は「株式」だが、価格の変動を追う立場では、株を買う＝株主になる、との認識は薄い。買っている期間に株価が値上がりすればいいだけだし、下げるときはカラ売りすればいい。つまり、単に"カネを殖やすための対象物"だ。

　「株式投資」という言い方が一般的で、本書でも使っているが、うねり取りでは数カ月の価格変動を見るだけだから、純粋には「投機」なのである。

　株式は、株式会社に資本を提供する仕組みだ──この説明は、トレードの実践とは離れた知識の領域にあることだ。

　株式市場において、投機家たちがやり取りしているのは、「株式」というよりは「カネ」である。カネが直接的に飛び交っているという表現が現実に近いのだ。

　さて、ここからが本題。

　カネが直接的に飛び交う世界、経済や社会の仕組みといった知識が通用しない世界、理屈では説明できない値動きが存在する世界という事実がポイントだ。

　社会人としての自負、ビジネスマンとしての自信、いろいろなことを知っているという認識が、株式市場という特殊な場では、適正な行動を"盲点"にしてしまうのである。

いったん人気化すれば、株価の動きは極端に激しくなる。
　例えば500円の銘柄のストップ値幅は100円である。ストップ高でもストップ安でも、1日最大で25％の変動があり得る。これほど極端な価格の変動は、一般のビジネス社会に存在しない。
　こんな現実を、"当たり前の事象"として受け止め、「で、どう行動すべきなのでしょうか？」と素直に考える姿勢が求められるのだ。
　ヘタに「自分はカネについて一家言ある」なんて意識をもっていたり、業種や業態で分類して企業の優劣を評価する発想をもっているよりも、「私は何も知りません。で、株価の動きってどんなものなのでしょう」と口にできる人のほうが、トレードという独特のゲームに取り組むうえで有利なのである。
　これは、私が頭の中で考えただけのことではない。実際に多くの個人投資家に接して発見し、その理由を考えに考えて結論に至ったのだ。カネにまつわる知識や経験に乏しく、それを素直に認め、まっすぐな姿勢で株式市場と向き合う人が好成績をおさめている。目立つのが、女性投資家という存在なのだ。
　ただし、真に正しい考え方とやり方を学んだ場合は、である。
　ちなみに、一般的な男女のちがいとして、身の回りの問題に対して、男は合理的な答えを求め、女は解決策よりも他人の「共感」を求めるという説がある。それぞれの役割から生まれる行動特性の差異であるとの主張は納得しやすいが、男性の割合が多い個人投資家全体の行動特性は、問題解決ではなく「先送り」ばかりで、自分自身や身近な人に、ひたすら「共感」を求める不合理なものが際立っている。
　素直な姿勢の女性が優秀だと、さらに感じさせる要因である。

7-13 自分の立ち位置を決めろ

　この本は、「うねり取り」という限定的な手法の教科書だ。だが、うねり取りそのものは、強いて言えば"概念"のようなもの。具体的な取り組み方を考えたら、さまざまなアプローチがあり得る。

　これまでの章で述べただけでも、感覚中心の裁量トレードか、中源線という"ツール"を利用するか、2つの大きな選択肢がある。また、それぞれの道にも多種多様な取り組み方がある。

　ここで、どうしようかと迷う読者もいるだろう。当然である。でも、絶対に"正解探し"をしないでほしい。他人に答えを出してもらおうなどと考えないでほしい。その姿勢が、大切な資産運用のあり方をキケンな方向に導く。明日は上がるのだろうか……こう想像するのは実践家の性であるが、外部に情報を求めた瞬間、キケンな旅が始まる。

　実践家に有害なだけの「当たりまっせ！」式の情報を販売する業者が、さも未来を見てきたかのようなセリフで誘っている。そんなアリ地獄のような場所に、まんまと吸い込まれていくのだ。

　大切なカネのことなので慎重になり、つい情報集めをしてしまうが、誰も明日の株価さえ見通せないという厳然たる事実をベースに、あらゆることを整理しなければいけない。この章のタイトルにしたように、「自分が中心」と考えるのが正しいのである。

　その自分とは……これが、この項の課題だ。

　うねり取りの教科書だから、「うねり取りをやりなさい」と提案するだけでいいのだが、真に「自分中心」で考えるということは、うね

り取りを実践するかどうかも読者がゼロから検討すべきことだ。あらゆる情報について、うわべだけで判断せずに根底から考える——そんなメッセージを込め、あえて言おう。

　自立した投資家として、トレードとはなにか、どこを目指して進むか、そもそも自分にとって"カネ"とはなにか……土台の部分から、自由な意思で考える姿勢をもってほしいのだ。

　この本を読んだ結論が、「よし、こづかいでイチかバチかの売買をしよう」でもいい。私が口をはさむことではない。本書では、私が信じる"優等生の道"を示したわけだが、自分のことなのだから、自分勝手に、気ままに考えてもらいたい。

　株式市場には実際、さまざまな立場の人が参加している。ほぼ指示通りに株を買うだけのサラリーマン的ファンドマネージャー、独自の哲学で自由に行動するファンドマネージャー、M&A（買収・合併）戦略を推し進める大手企業、株主優待だけを狙う主婦投資家……等々。「これが正解」なんてものは、どこにもないのである。

　事項で、自由な意思で思考する実例を紹介しよう。

7-14　真逆を考える

　私たちは、身近なものごとについて自由に意思決定している。

　飲んだあとはシメでラーメン、と決めている人もいるが、ムダ食いはしないとの哲学を大切にする人もいる。両方を楽しむ人だっている。

　「買ってもいいでしょうか？」と質問する投資家がいるが、この先

どうなるかは私のほうが聞きたいくらいだ。「好きにすればいい」としか答えられない。

　ただし、ある特定の基準、ある哲学をベースにした投資の価値判断に照らして"正解かどうか"を語ることはできる。こんな、真に意義のある議論をするために、自分の内面でも同じことをするために、既存の価値観から完全に解放された状態を自らつくれるようにしたい。

　といっても、アプローチは単純なほうがいい。

　私が提案する、最も単純で効果的な情報の整理・単純化の方法は、思いきり逆を考えることだ。

　株を売買している立場では、今後も継続して売買することを前提に考える。そして苦悩する。だったら、「株をやめる」ことを本気で想像してみればいい。今この瞬間に相場から身を引き、すべてのポジションを閉じて資金を銀行に移し……と、リアルに考えるのだ。

　すると、なぜ株を売買しているか、どこを目指したいか、続けるのなら今後はどんな方向性がいいか、と"自分自身の正解"をプレーンに考えることができる。

　買いポジションがある、でも動きは芳しくない……この状況では、「カラ売りしていたら？」と考えればいい。ドテンしてカラ売りのポジションに変換させるとどうなるの？　こう考えることで、知らないうちに影響を受けていた外部からの情報とサヨナラし、当初の見込みに固執していた状態からも解放される。

　1秒前に戻れないのがトレードだ。純粋に、「これから先を考えて、どんな一手を打つか」を考えるようにしたい。適切な習慣をもつ"新しい自分"をつくりたいのだ。

パーティーに参加するとき、ちょっと落ち着かない気分になったとする。そうしたら、「あれっ？　本当は行きたくないの？」と自問してみればいい。今から断るという行動を、リアルにイメージするのだ。

　すると、自由な思考が状況を整理してくれる。そのパーティーに参加する理由が特にないかもしれないし、一部の参加者を嫌がっているだけでパーティーそのものは自分に価値あるものなのかもしれない。自分の生活が忙しすぎて、余暇を楽しむ余裕がなくなっていることに気づくかもしれない。

　こんなふうに、ふだんから真逆を考え、自由気ままに考えるクセをつけたらどうだろうか。少なくとも、価値判断に迷いがちな株式投資においては、非常に有効な手段だと確信する。

　自らの意思で、自らの頭の中を書き換えていく作業に危険性はないし、誰にも迷惑をかけず、誰にも気づかれずに進めることができる。

　積極的に試してほしいことだ。

7-15　予測は当たらない

　あらためて、「予測は当たらない」という超現実的な話をしよう。

　「上か下の2通りだから、予測の的中率は50％だ」といいながらも、自分の予測については「もう少し当たっている」と考えるのが平均的なトレーダー、常識的な人間の思考だろう。

　人間には「忘れる能力」があり、自分にとって都合の悪いことは忘れることができる。日常生活では特に、この能力を発揮するはずだ。

すべて覚えていたら自己嫌悪の念につぶされてしまうので、精神のバランスを取るためにものごとを忘れるのは、一種の自己防衛本能が働く結果である。

トレードにおいて、何らかの基準を決めて"予測の当たり外れ"を記録したら、おそらくイヤになるほど外れまくっていることだろう。意味のない"自分イジメ"になるので、やらないほうがいい。

上か下で五分五分といっても、想定した時間内に動きがなかった場合も、厳密には「外れ」とするべきだ。すると、予測の的中率はさらに下がる。上がるという予測に対して、「上がった」「下がった」以外にも「上がりも下がりもしなかった」という結果があるので、これだけで、予測の的中率は3分の1、33.3％になってしまう。

実際、多くの実践家が次のように言う。

「予測の的中率？　3割から4割かな」

この現実の下で結果を出そうとするのがトレードであり、そのための方法を模索して苦しむのがマーケット参加者の業務だ。

そもそも、「51％当たる法則があれば、それを数多く繰り返すことで世界一の富豪になれる」のだから、それを夢見る多数の人が集まるマーケットで、6割、7割といった的中率を実現できる道理はない。

ルール化された手法があると、多くの人がまっ先に「勝率は？」と質問するが、勝率を高く設定したシステムは、おそらく以下のどれかに該当する。

・利益の幅が限定されている（損失幅が大きい）
・過去の一定期間に設定を合わせてあるだけ（再現性は期待薄）
・たまたま合っていた銘柄の勝率を示す（再現性も応用性も期待薄）

・ロジック（根底のルール）そのものを値動きに合わせて作った

　予測を高い確率で当てることは至難の業だ。努力で精度を高めることは可能だが、大きな労力を注いでも勝率はわずかしか高まらず、結局、予測だけに頼って利益が出る仕組みを構築するのは不可能だろう。

　でも、夢が消えた、出口がない……という結論には至らない。予測の的中率に頼らずに「予測とセットのポジション操作で結果を出そう」と、進むべき方向が明確になるのだ。

　これこそが、この本で説明してきた具体的な取り組み方であり、自立した投資家としてワクワクしてほしいポイントである。

7-16 企業分析は他人、値動き分析は自分の手で

　多くの人が、個々の会社の評価を気にする。PER（株価収益率）が高いとか低いとか、現在のテーマに合っているとかいないとか……。ところが、判断するポイントが多すぎて答えが出ない。

　個人投資家の強みを武器にするなら、実際のトレードで相手にする「マーケット価格」に的を絞るべきである。そういった実践的な思考の結果が、「値運び」といった泥くさい表現だったりするのだ。

　第2章で述べた「テクニカル分析の三原則」を思い出してほしい。1つめの、「現在の価格はすべてを織り込んでいる」という項目だ。自ら苦労して企業の分析をしなくても、多くのマーケット参加者が分析して考え、売り買いして"現在の価格"を決めてくれる。だから、その推移を観察すれば、極端に言うと「すべてがわかる」のである。

常識的なことは知っておくべきだし、知識が助けになることもある。だが、分析や評論よりも実践である。

　株価水準を固定的に語るのではなく、生き物のような「値運び」に目を向け、自らの基準で判断するとともに、自らの自由意思による具体的な行動を考えるのが正しい。

　さて、そんな実践的な見地から、うねり取りの対象として適している価格帯を考えてみる。

　100円台とか200円台のいわゆる低位株のすべてがダメとはいえないが、「居所を大きく変える」銘柄であることが多いから注意したい。また数千円もするような値がさの銘柄も、実際に動きが荒かったり、荒く感じたりするので、避けたほうがいいかもしれない。

　もちろん、一概にダメだと決めつけることはできない。値がさ株の本田技研（7267）を好んで、うねり取りを行っている人もいる。

　だが無難な価格帯の基準は、「300円以上1,000円未満」あるいは「500円以上1,000円未満」というところだろう。このくらいの価格帯で、極端に居所が変わらない、数カ月単位の周期がわかりやすそうだ、という銘柄を探せばいい。

　売買に際して使用するチャートは、大きな紙に日々の終値を結んだ折れ線チャートだが、大ざっぱに候補を絞るだけならば、パソコンの画面表示やチャートブックで月足を見て、長期間の上げ下げをチェックすれば十分である。

　自分自身が納得できるものを選ばないと、トレードに集中することができない。だから自分の目で探すことが重要で、広い範囲に目を向けるために、さぼるところはさぼろうと工夫してほしい。

このように一定の条件を挙げたのだから、候補銘柄のスクリーニング（条件による絞り込み）を行った結果を載せたら親切だと思われるかもしれないが、お遊びではないトレード、利益を上げるためのプロ的なトレードを実行することを考えるとマイナス面が大きいのだ。

　極めて個人的な感覚を駆使し、独りで決めて独りで進んでいくためには、自分で値動きを見て銘柄を決めるべきである。

　もちろん、うねり取りを始める前に選ぶのは苦しい作業かもしれないが、「これならいけそうだ」と感じたものを選ぶ、それを見つけるために積極的に考えるプロセスが、大きな経験となる。

7-17　確信ある自分流を

　私は立場上、いろいろなタイプの個人投資家の相談を受ける。その際、次のようなことを言う人がいる。

「今の悩みを解決して帰りたいと思います」

　私は、次のように答える。

「話し終わったとき、悩みは増えているでしょう。でも、現時点での"迷い"をゼロにして帰ってください」

　第1章でも触れたが、相場を勉強すればするほど、経験を積めば積むほどに悩みが増えていく。少しではなく、際限なく増加するのだ。

　人間の欲にはキリがなく、うまくいったら「もっともっと」と考える。ダメだったときは、極端に落ち込まないための自己防衛能力を発揮し、「自分はこんなものではない。ちゃんと結果を出せる！」と前

向きに考えようと努める。とにかく、「もっともっと」と考える向上心や創造性があるから、「欲張るな」なんて精神論はあり得ないのだ。

そもそも、欲があるから株式投資を行う、カネが欲しいから相場を張るのである。その欲を満たすための最善な方法を探し求め、努力をいとわず、しかし一定の効率も考えるのだ。

さて、その欲を前面に出すと、あっという間にソワソワし始める。だから「欲張るな」という戒めがあるのだが、実用性に欠ける精神論だから、心理作用の不合理な面を知ったうえで上手な対処法を考えなければならない。

落ち着いて手法を決め、その手法に合う銘柄を選定し、「自分が狙う動きはここだけ」と決断したはずなのに、毎日いろいろな銘柄が動くさまを見て、「世界中で自分だけがダメな手を打っている……」と感じてしまうのが常識人の思考である。隣の芝生は青いのだ。

このような状態から、宇宙の彼方まで飛んでいくか、エイヤッと軌道修正するかは、すべて自分の考え方にかかっている。

もっとスマートに進みたい、冷静かつカッコいい投資家でありたい、夢の人工知能のようにカチッとした思考を展開したい——そんなふうに考える読者、そのうちできると思っている読者に、少しだけ声を高くして申し上げよう。「やれるものなら、やってみろ」と。

いや、できる人もいるだろう。ただ、多くの人は実行できないし、私自身もあきらめている。人間には欲があり、感情があり、無限の可能性を秘めているからこそ「隣の芝生は青い」との錯覚を引き起こす。遺伝子に刷り込まれたものに抗うなんて、ムチャなことに挑戦しなくてもいいと思うのだ。

勝って有頂天、負けて落胆しながらも、それらの感情によってダメな思考を生みながらも、最低限の対処を淡々と実行する、そんな"実践家"を目指すイメージを提案したい。

　神になるのはムリだし、"売買マシン"と呼ばれるほどの合理的思考も求めない、現実的な姿を想像するわけだ。

　ちょっと相場が上手な俗物としてマーケットに参加し、経済全体から見れば"ささやか"なレベルの利益を出し、そのカネを使いながら、友だちと、家族と、泣いて笑って楽しく過ごしたいのである。

　あえて個人的な価値観を披露したが、99％の個人投資家にとってラクに目指すことのできるゴールではないだろうか。

　悩みは山積み、感情も揺れる……でも、迷いなく行動を決断するし、人間ならではのユルさがアダとなりそうなところでは、なりふりかまわずに逃げて休みを取る、資金稼働率をコントロールする、それも含めた人間らしい対応、自分なりのやり方、「確信ある自分流」を構築してほしい。

7-18 投資家としてのゴール設定

　つい目の前のことだけを考えてしまうのが人間、特に現代人の習慣のようだ。刹那的だと否定的にいわれる姿勢である。

　低金利下で投資先に不自由する中、世界中の投資家が短期の結果を求めるようになった。そんな流れを是正すべきとの意見が台頭し、現在のよろしくない流れを「Short-termism」（短期志向）と定義して出

口を探している。低金利を前提とした短期志向の風潮に流されていると、金利が正常化するなど環境の変化があった際に指針を失う。

　あえて短期志向を実践するのもトレーダーの選択だが、芯となる自分自身の考え方が不可欠である。

　売り買いを実践する前に、銘柄を決める必要がある。銘柄は、自分の手法に合致したものであるべきだ。手法は、根底にあるトレード思想の範囲にある。このように、土台こそが重要なのである。

　さて、具体的な行動指針とは別の路線に、投資家としてのゴールがあるべきだと思うのだ。ゴールとは「目標」のことだが、「実現したらいいな」という"あこがれ"ではない。絶対にモノにすると心に決める、自らの意思によって定める"到達点"である。

　行き先を決めずに家を出る人はいない。いつもより多額の現金を手になんとなくデパートに行ったら、つまらない買い物をしてしまう。あてのないひとり旅でも、出会いなり景色なり何らかの"狙い"がある。ゴールを考えることが、ブレのない行動、後悔しない決断を生むのである。

　「自分の立ち位置を決めろ」と述べたが、その立ち位置で継続的に売買した結果、自分がどんな状態になるか、いや、どんな状態に"なりたい"かを考えておきたい。

　例えば金額でもいい。1億円ほしいのか、10億円を目指すのかを明確にしてみるといったことだ。また、1億円というゴールを達成して何をするかもガッツリと想像しておきたい。空想、妄想、絵空事と否定的にいわれることでも、頭の中で自由に展開するだけなら、他人にとがめられることはない。そもそも、誰にも気づかれない。

空想や妄想を繰り返すと、リアリティが生まれる。そうなって当たり前だと考えるようになる。いま実現していないことに、大いなる不満を感じ始める。

　これが、前に進むエネルギーを生み出し、必要な情報、欠かせない努力を正しく認識し、踏ん張りどころの重たい作業をつらいと感じない自分をつくり上げる。

　ゴール設定は、小難しい作業ではない。人間の心理作用を上手に利用し、つらい思いをせずに進化しようというだけのことだ。

　目指したい自分の姿をリアルに想像し、目の前に何があるか、隣に誰が座っているか、誰がどんな言葉で評価してくれているかと、自由に空想してイメージを膨らませるのだ。

　そのイメージが、"確信ある自分流"を貫く頑強な芯となるはずだ。

　読者が、心から望む新しい自分を見つけ、楽しみながら成功体験を積んでいく未来を切に願う。

著者プロフィール

林 知之
はやし・ともゆき

1963年生まれ。幼少のころより投資・相場の世界に慣れ親しみ、株式投資の実践で成果を上げながら、独自の投資哲学を築き上げた。

現在は、投資顧問会社「林投資研究所」の代表取締役。中源線建玉法、FAI投資法を中心に、個人投資家への実践的なアドバイスを行っている。

また、投資助言、投資家向けセミナー等を精力的に行うかたわら、投資情報番組「マーケット・スクランブル」のコメンテーターも務めている。

林投資研究所の創設者である故・林輝太郎は実父。

主な著書に『億を稼ぐトレーダーたち』(マイルストーンズ)、『これなら勝てる究極の低位株投資』(パンローリング)、『入門の入門 中源線投資法』『ブレない投資手法 曲げない投資哲学』(林投資研究所)などがある。

【プロの視点】
うねり取り株式投資法
基本と実践

2017年 8月14日　　初版第1刷発行
2017年11月15日　　第2刷発行

編著者 ・・・・・・・・・・・・・・・・・・・・・・・・ 林 知之
©Tomoyuki Hayashi 2017

発行者 ・・・・・・・・・・・・・・・・・・・・・・・・ 細田聖一

発行所 ・・・・・・・・・・ **マイルストーンズ合資会社**
164-0011 東京都中野区中央1-4-5
http://www10.plala.or.jp/milestones/

発売所 ・・・・・・・・・・・・・・・・ 丸善出版株式会社
101-0051 東京都千代田区神田神保町2-17
電話 03-3512-3256
http://pub.maruzen.co.jp/

装幀 ・・・・・・・・・・・・ 合同会社菱田編集企画事務所
印刷所 ・・・・・・・・・・・・・・・・ 大日本印刷株式会社

ISBN978-4-903282-03-9 C0033

落丁・乱丁、その他不良がありましたら、お取り替えいたします。
本書の全部、または一部を無断で複写・複製・転載、および磁気・光記録媒体入力することなどは著作権法上の例外を除き禁じられています。

Printed in Japan

好評発売中！マイルストーンズの投資書籍

日本版マーケットの魔術師たちが語る成功の秘密
億を稼ぐトレーダーたち

成功者の結果だけを見てマネしても、大きな失敗をするだけ。
適切な自分流を築くためには、
成功した実践者たちの内面をしっかりと見つめることが大切です。

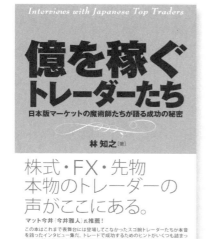

林 知之 著

A5判・336ページ・ソフトカバー
定価／本体2,800円＋税

ISBN978-4-903282-02-2 C0033

表舞台にほとんど出てこない、日本人のスゴ腕トレーダーたちの赤裸々なトークがつまったインタビュー集。日本版マーケットの魔術師9人の秘密を、あなた自身の相場に応用するための一冊。

柳葉 輝（専業個人トレーダー）／渡辺博文（大手アセットマネジメント・ファンドマネージャー）／杉山晴彦（個人トレーダー）／綿貫哲夫（証券ディーラー）／成宮宏志（元為替ディーラー、FAIメンバー）／西村正明（山前商事、プレーイングマネージャー）／橋田新作（個人トレーダー）／高橋良彰（エイ・ティ・トレーダーズ代表）／秋山 昇（個人トレーダー）